M000311858

Mantak Chia

AUTOMASAJE-CHI
SISTEMA TAOISTA DE
REJUVENECIMIENTO

editorial 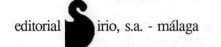irio, s.a. - málaga

Séptima edición: Mayo 2000

Título original: CHI SELF–MASSAGE: the Tao Way of Rejuvenation
Traducido del inglés por Raul Aguado Saiz

© 1985 Mantak y Maneewan Chia

Publicado inicialmente por The Healing Tao Press
2 Creskill Place
Huntington, NY 11743

© de la presente edición y traducción:
EDITORIAL SIRIO, S.A.
C/. Panaderos, 9
Tel. 952 22 40 72 - 29005 MALAGA

ISBN: 84-7808-078-3
Depósito legal: B. 26.638 - 2000
Printed in Spain - Impreso en España

Impreso en España en los talleres gráficos de Romanyà/Valls, S.A.
Verdaguer, 1 - 08786 Capellades (Barcelona)

AGRADECIMIENTOS

Ante todo, expreso mi agradecimiento a los maestros taoistas que tan amablemente compartieron conmigo sus conocimientos, sin imaginar jamás que al final serían enseñados a los occidentales. Mi agradecimiento especial a Dena Saxer por ver la necesidad de la publicación de este libro y por su interés y dedicación al manuscrito inicial.

Doy las gracias a todos los colaboradores, fundamentales para el aspecto final del libro: a Dena Saxer, por haber escrito una parte de él, especialmente las instrucciones básicas paso a paso y por haber elegido el título; al ilustrador, Juan Li, por las horas que invirtió dibujando y creando las ilustraciones de las funciones internas del cuerpo; a Gunther Weil, Rylin Malone y muchos otros alumnos míos por nuestra comunicación; a Jo Ann Cutreria, nuestra secretaria, por haber hecho tantos contactos y por trabajar sin descanso; a Daniel Bobek, por todas las horas que pasó delante del ordenador; a John-Robert Zielinski por ayudarnos con el nuevo sistema informatico y por arreglar los archivos y los programas para acelerar el proceso; a Helen Stites por editar el texto e introducirlo en el ordenador nuevo; a Adam Sacks, nuestro consultor informático, que nos ayudó a resolver los problemas cuando surgieron, en la última fase de la producción; a Valerie Meszaros, por corregir el texto y componer el libro en el ordenador nuevo; y a Cathy Umphress por el diseño y el montaje. Extiendo este agradecimiento a Michael Winn por hacer la edición afin al Libro de Curación Tao; a Felix Morrow por sus buenos consejos en la producción y a David Miller por diseñarla y supervisarla.

Sin mi esposa, Maneewan, y mi hijo, Max, el libro habría sido académico —mi amor y mi gratitud a cambio de sus dones.

ADVERTENCIA

Este libro no ofrece un método de diagnosis ni sugiere ningún tipo de medicación. Pretende enseñar una manera de aumentar la fuerza y la buena salud para superar los desequilibrios del sistema. Si Vd. padece alguna enfermedad, consulte a su médico.

EL MAESTRO MANTAK CHIA

El maestro Mantak Chia es el creador del sistema conocido como "El Tao Curativo" y es también fundador y director del "Centro Curativo Tao" de Nueva York. Ha estudiado la forma de vida taoísta desde su infancia, así como otras muchas disciplinas. Como resultado, es un completo conocedor del taoísmo, lo que se pone en relieve dado su conocimiento de otros muchos sistemas. Así, ha desarrollado el sistema del "Tao Curativo", que ahora se enseña en muchas ciudades de los Estados Unidos, Canadá y Europa.

El maestro Chia nació en Tailandia en 1.944 y, cuando tenía seis años, aprendió a "sentarse y relajar la mente", (es decir, aprendió a meditar) con los monjes budistas. Durante sus años escolares aprendió en primer lugar la tradicional lucha Thai y, posteriormente, el maestro Lu le enseñó el Tai Chi Chuan. El citado maestro le inició poco después en el Aikido, el Yoga y más Tai Chi.

Más tarde, cuando estudiaba en Hong Kong, donde sobresalía en la lucha y en las competiciones deportivas, un compañero de clase mayor que él, Cheng Sue-Sue, lo presentó a su primer profesor esotérico, el maestro Yi Eng, y así comenzó sus estudios sobre el modo de vida taoísta. Aprendió a hacer pasar la energía de fuerza vital desde las manos, a hacerla circular por la Orbita Microcósmica, a abrir los Seis Canales Especiales, la Fusión de los Cinco Elementos, la Iluminación del Kan y del Li, la Navegación de los Cinco Organos de los Sentidos, el Congreso del Cielo y la Tierra y la Reunión del Hombre y el Cielo.

Poco después de cumplir los veinte años, el maestro Chia estudió con el maestro Meugi en Singapur. El le enseñó el yoga Kundalini y la Palma Budista, con lo que le capacitó para librarse de bloqueos en el flujo de energía de fuerza vital en su propio organismo, así como en el de los pacientes de su maestro.

Cuando le faltaban pocos años para cumplir los treinta, estudió con el maestro Pan Yu, cuyo sistema combinaba enseñanzas taoístas, budistas y Zen, y con el maestro Cheng Yao-Lun, que le enseñó su sistema de lucha Thai y Kung Fu. Del maestro Pan Yu aprendió el intercambio de la energía Yin y Yang entre hombres y mujeres, así como el "cuerpo de acero", técnica que evita el envejecimiento del cuerpo. El maestro Cheng Yao-Lun le enseñó el secreto del método Shao-Lin de la energía interna e incluso el método más secreto de la Camisa de Hierro, llamado Limpieza de la Médula y Renovación de los Tendones.

Posteriormente, para comprender mejor los mecanismos subyacentes tras la energía curativa, el maestro Chia estudió anatomía y medicina occidental durante dos años. Mientras estudiaba, fue directivo de la Compañía Gestetner, que fabricaba material de oficina, y aprendió la tecnología del procedimiento de impresión offset y de las máquinas copiadoras.

Uniendo su completo conocimiento del sistema taoísta como base y todo lo que había aprendido en los demás estudios, desarrolló el sistema del Tao Curativo y comenzó a enseñárselo a otros; más tarde preparó a otros profesores para que le ayudaran y abrió el Centro de Curación Natural de Tailandia. Cinco años después decidió instalarse en Nueva York para introducir su sistema en el mundo occidental; en 1.979 abrió el Centro Curativo Tao en esa ciudad. Desde entonces, se han abierto más centros en muchas otras ciudades, como Boston, Filadelfia, Denver, Seattle, San Francisco, Los Angeles, San Diego, Tucson, Toronto, Londres y Bonn, entre otras.

El maestro Chia lleva una vida tranquila con su mujer Maneewan, que enseña la Nutrición de los Cinco Elementos Taoístas en el centro de Nueva York, y su hijo. Es un hombre cálido, amistoso y servicial, que se ve a sí mismo, ante todo, como profesor. Emplea un procesador de textos cuando escribe y se siente tan cómodo rodeado de los últimos descubrimientos de la tecnología de los ordenadores como de sus filosofías esotéricas.

En la actualidad escribe una enciclopedia del Yoga Taoísta y ha publicado ya dos libros: en 1.983, el "Despertar de la Energía Curativa mediante el Tao" y, en 1.984, "Los Secretos taoístas del amor: modo de desarrollar la energía sexual masculina". Este libro es su cuarta publicación.

- 1 -

UTILIDAD
Y
TEORIA

Desde la antigüedad hasta nuestros días los maestros taoistas han disfrutado de un aspecto y una vitalidad juvenil que les ha hecho parecer por lo menos veinte años más jóvenes que su verdadera edad. Uno de los motivos de esta vitalidad es la práctica del Automasaje Rejuvenecedor Taoista: el uso de la energía interna, o Chi, para fortalecer y rejuvenecer los órganos sensores (ojos, oídos, nariz, lengua, dientes, piel) y los órganos internos. Estas técnicas datan aproximadamente de hace cinco mil años y, hasta ahora, han sido guardadas celosamente por los maestros, que las transmitían oralmente a pequeños grupos de discípulos. Y, aún así, cada maestro conocía sólo una parte del método. Basándome en mis estudios con diversas personalidades taoistas, he reconstruído todo el método y he organizado el material en un esquema lógico. Cinco o diez minutos de dedicación diaria pueden generar muchos beneficios: complexión, vista, oido, firmeza del pecho, encías, dentadura, lengua y resistencia general.

I. LOS SENTIDOS AGUDIZADOS CONTROLAN LAS EMOCIONES NEGATIVAS

El Automasaje Rejuvenecedor se fundamenta en la disolución de los bloqueos de los meridianos, o canales de energía, de los diversos órganos sensores y vitales. Esto se consigue gracias a la práctica taoista de conducir la energía, o Chi, desde los órganos sexuales y el ano hasta la cara, las manos y los órganos sensores, para dirigirla desde allí hacia otras zonas específicas. Las sensaciones están muy relacionadas con los órganos y se cree que éstos almacenan y generan emociones positivas y negativas. El fortalecimiento de los sentidos nos permite una aportación al control de las emociones negativas. Los sentidos son los primeros en recibir las influencias del mundo exterior (la tensión, el odio, el miedo); y, en contrapartida, esas influencias afectan a los órganos y al sistema nervioso. Unas sensaciones fuertes son de gran ayuda para prevenir la sobrecarga de influencias exteriores que nos pueden afectar de forma negativa.

II. UNOS ORGANOS SANOS PUEDEN MODIFICAR LAS CARACTERISTICAS EMOCIONALES Y PERSONALES

En los diez años que llevo difundiendo esta forma sencilla de automasaje he conocido individuos que lo han utilizado para mejorar sus aspectos emocional, personal y social. Tuve un alumno cuyos miedos se manifestaban en un estado de ánimo irascible que le provocaba mal humor, sufrimiento y dolor de estómago. Estos sentimientos no le permiten a nadie comportarse de modo sociable, amistoso y dispuesto a la comunicación. El ánimo de esa persona cambió radicalmente tras unas semanas de práctica de la Sonrisa Interior y el Sonido del Hígado y de masaje de estómago e hígado. El mal humor desapareció en favor de la amistosidad. Me comentó que el mayor beneficio que había experimentado desde que estudiaba conmigo lo había notado en su vida familiar, en especial en la relación con sus hijos. Hoy ya no necesita confiarse al alcohol para encubrir su miedo y olvidar la tensión que antes le dominaba. Su jefe y sus compañeros de trabajo también notaron el cambio y me ha mandado a algunos colegas para que aprendan el sistema.

En una ocasión una mujer que desempeñaba el cargo de secretaria le pagó el curso a una compañera, con la intención de que ésta aprendiese a controlar la tensión en el trabajo. Según le oí, ésta ha sido la mejor inversión de su vida porque desde entonces no sufre los desequilibrios emocionales de su compañera cuando han de trabajar juntas.

EL AÑO ESTA RELACIONADO CON LA ENERGIA DE LOS ORGANOS

El flujo del Chi es muy importante en el método Tao de Rejuvenecimiento. Si cuando se está aplicando un masaje, no se conduce a la zona la circulación del Chi, éste queda reducido al nivel de cualquier masaje tradicional. La Sonrisa Interior y la Meditación en la Orbita Microcósmica son también muy importantes. Son el mejor sistema para aumentar la fuerza vital de los sentidos y los órganos.

I. LA FUERZA DEL PERINEO

La región perineal (Hin-yin) está compuesta por el ano y los órganos sexuales. La zona del ano se divide en varias secciones que están estrechamente relacionadas con el Chi de una serie de órganos correspondientes. El término chino Hin-yin (perineo) significa punto de reunión de la energía Yin o punto de reunión de la energía del abdomen inferior. Dicho punto se encuentra entre las dos entradas principales. Una, que llamamos anterior, que son los órganos sexuales, es la gran puerta de la fuerza vital. A través de ella puede desperdiciarse la fuerza vital, agotando la energía de los órganos. La segunda entrada, o posterior, es el ano. Si no se cierra bien, por ella también puede escaparse la fuerza vital con facilidad. En los ejercicios Tao, sobre todo en los Secretos del Amor, el Amor Curativo y la Camisa de Hierro se presta mucha atención a la canalización, control y movimiento de la energía del perineo a través de la espina dorsal. De otra forma, la fuerza vital y la energía sexual se convertirían en un "río sin retorno"; se disiparían sin opción al reciclaje.

II. LA REGION DEL ANO SE DIVIDE EN CINCO PARTES

El ano se divide en cinco zonas: (a) media, (b) anterior, (c) posterior, (d) izquierda y (e) derecha. (Figura 2-1).

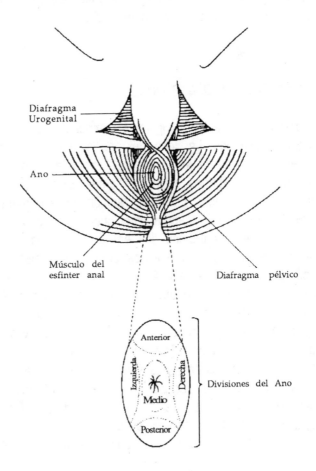

Figura 2-1
El ano se divide en cinco partes

A. Zona Media

El Chi del ano medio se relaciona con los siguientes órganos: la vagina/útero, la arteria aorta y la vena cava, el estómago, corazón, glándulas tiroide y paratiroide, glándula pituitaria, glándula pineal y parte superior de la cabeza. (Figuras 2-2 y 2-3).

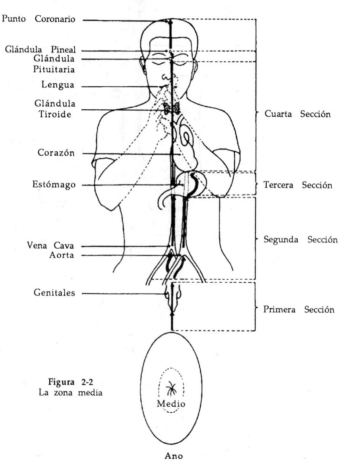

Punto Coronario

Glándula Pineal
Glándula Pituitaria

Lengua

Glándula Tiroide

Cuarta Sección

Corazón

Estómago

Tercera Sección

Segunda Sección

Vena Cava
Aorta

Genitales

Primera Sección

Figura 2-2
La zona media

Medio

Ano

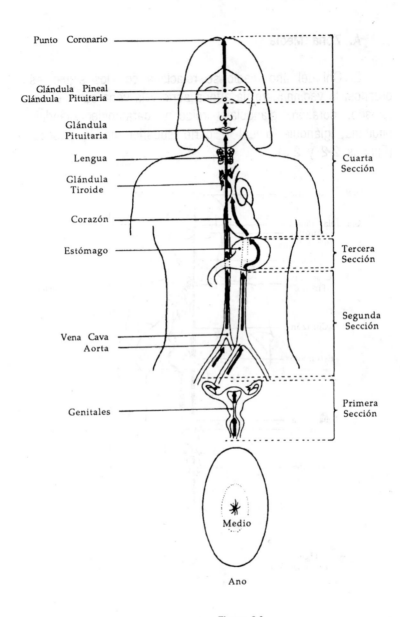

Punto Coronario

Glándula Pineal
Glándula Pituitaria

Glándula
Pituitaria

Lengua

Glándula
Tiroide

Corazón

Estómago

Vena Cava
Aorta

Genitales

Cuarta
Sección

Tercera
Sección

Segunda
Sección

Primera
Sección

Medio

Ano

Figura 2-3

B. Zona Anterior

El Chi del ano anterior se relaciona con los siguientes órganos: glándula de la próstata, vejiga, intestino delgado, estómago, glándula timoral y cerebro anterior. (Figura 2-4).

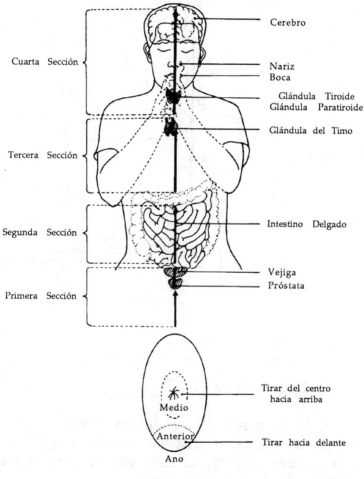

Figura 2-4
La parte anterior

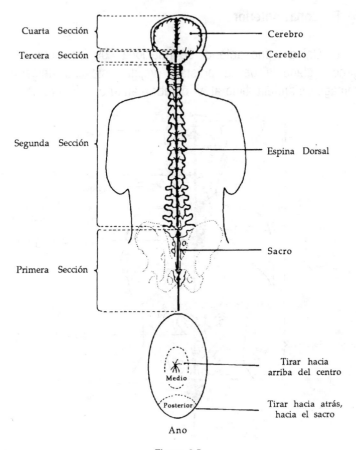

Figura 2-5

C. Zona Posterior

El Chi de la zona posterior del ano se relaciona con la energía de los órganos siguientes: sacro, zona lumbar, las doce vértebras torácicaș, las siete vértebras lumbares y el cerebelo. (Figura 2-5).

28

D. Zona Izquierda

La zona izquierda se relaciona con el ovario izquierdo, el intestino grueso, el riñón izquierdo, la glándula adrenal, el bazo, el pulmón izquierdo y el hemisferio cerebral izquierdo. (Figuras 2-6 y 2-7).

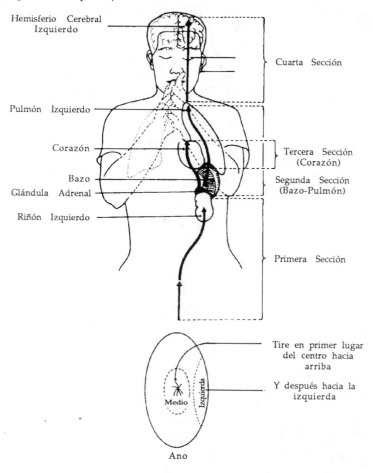

Figura 2-6
La parte izquierda en el hombre

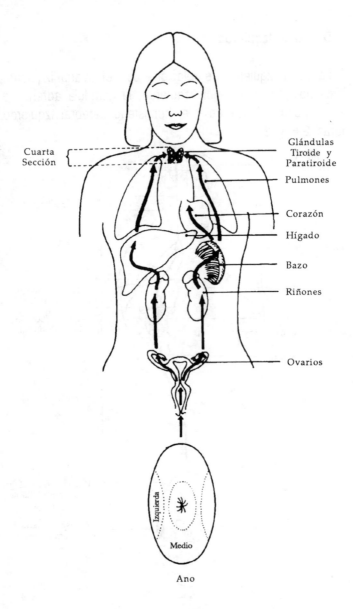

Cuarta Sección

Glándulas Tiroide y Paratiroide

Pulmones

Corazón

Hígado

Bazo

Riñones

Ovarios

Izquierda

Medio

Ano

Figura 2-7
La parte izquierda en la mujer

E. Zona Derecha

El Chi de la zona derecha del ano se relaciona con: el ovario derecho, el intestino grueso, riñón derecho, glándula adrenal, hígado, vesícula biliar, pulmón derecho y hemisferio cerebral derecho. (Figura 2-8 y 2-9).

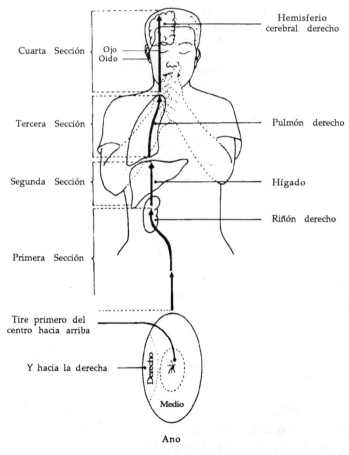

Figura 2-8
La parte derecha en el hombre

31

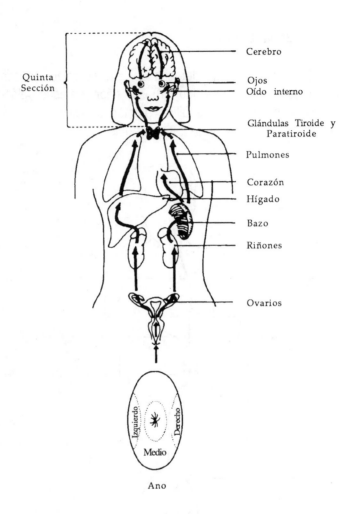

Figura 2-9
La zona derecha en la mujer

Aplicando una contracción a las diferentes zonas del ano se consigue aumentar el Chi de los órganos y las glándulas, de forma que los efectos del masaje se multiplican. (Figura 2-10).

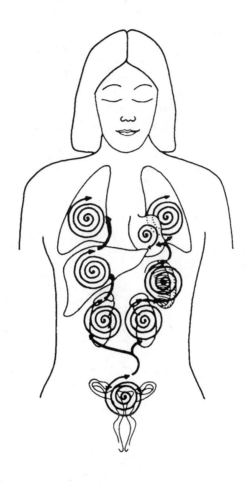

Figura 2-10
Pase la energía por los órganos
y hágala girar

- 3 -

EL PODER CURATIVO
DE LAS
MANOS

El ser humano puede crear cualquier tipo de instrumento sofisticado gracias a la magnificencia de las manos y los dedos. Una de las funciones superiores de éstas es su poder curativo. El conocimiento de los puntos principales de las manos y los dedos le permitirá estimular y mantener el buen funcionamiento de los órganos.

I. LAS PALMAS

Las palmas de las manos son el lugar donde se reunen las energías principales del Chi. Desde este punto se puede enviar energía para sanar a uno mismo o a otra persona. También puede ser el puerto de entrada de energía para la estructura osea y los órganos fundamentales.

II. EL PERICARDIO

El pericardio (P-8) es el punto más importante de concentración de energía. En él se puede reunir para ser transmitida con más fuerza. (Figura 3-1)

III. EL INTESTINO GRUESO

El intestino grueso (IG-4) es el punto fundamental que controla todos los dolores del cuerpo y, de forma especial, los de los órganos sensores (ojos, oidos y nariz) y las cefalalgias. (Figura 3-2)

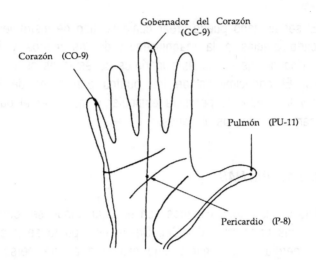

Figura 3-1
El Pericardio

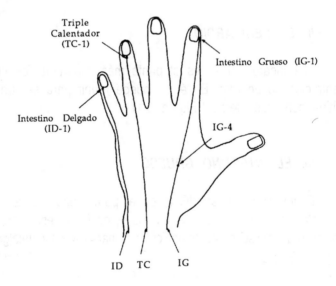

Figura 3-2

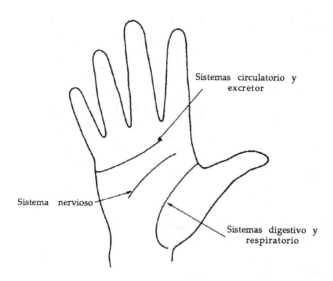

Figura 3-3
Las tres líneas fundamentales
de la mano

IV. LAS LINEAS FUNDAMENTALES DE LA MANO

En la palma de la mano encontramos tres líneas fundamentales: la de la Vida, la de la Inteligencia y la de las Emociones. (Figura 3-3)

V. LOS DEDOS SE CORRESPONDEN CON LAS FUNCIONES CORPORALES

Los dedos también están relacionados con los meridianos de los órganos (Figura 3-4). Por su parte, las articulaciones de éstos tienen su contrapartida en los diferentes miembros de los órganos y sus sensaciones y emociones correspondientes.

39

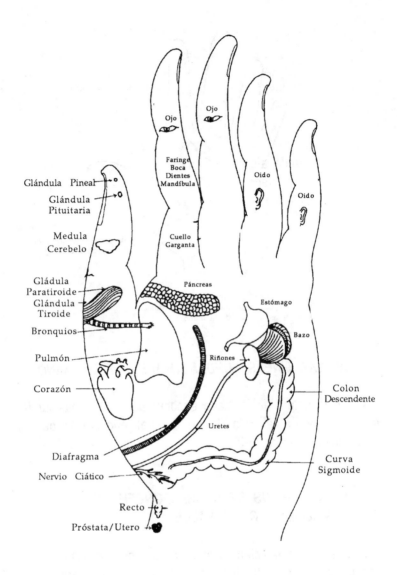

Figura 3-4
Los dedos y sus funciones corporales
correspondientes a través de los
meridianos de los órganos

VI. FORTALECIMIENTO DE LOS DEDOS

El estímulo de las falangetas de los dedos es un gran potenciador de los órganos. Las yemas de los dedos encierran gran cantidad de venas y arterias finísimas (Figura 3-5). En la ancianidad, cuando ya no se practica ningún ejercicio, el Chi no puede fluir correctamente y su circulación se bloquea. Esto puede afectar al circuito sanguíneo, endureciendo las arterias y las venas. Cuando tenemos frío, lo sentimos en las manos antes que en ningún otro miembro. Si queremos calentarnos rápidamente hemos de comenzar por las manos y los pies.

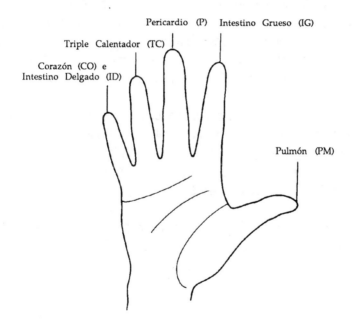

Figura 3-5
El fortalecimiento de las puntas de las
extremidades estimula los órganos.

VII. EL MASAJE DE LAS MANOS PARA INCREMENTAR EL FLUJO DEL CHI

El masaje de las manos incrementa el flujo del Chi en los meridianos que están relacionados con ellas. Como consecuencia, encontramos mejoras en las funciones respiratoria, cardiaca y digestiva.

VIII. PREPARACION

a. Si ha comido, espere al menos una hora.

b. Ejecute este ejercicio inmediatamente después de la Sonrisa Interior o los Seis Sonidos Curativos[1]. Si desea unos resultados óptimos y ya conoce la Meditación en la Orbita Microcósmica o en la Fusión, lleve a cabo esta técnica tras ellas.

c. Siéntese en una postura cómoda al filo de una silla. Asegúrese de que las piernas le llegan al suelo. Suéltese el cinturón. Quítese las gafas y mire a los pies.

d. Por término medio, dé entre seis y nueve masajes a cada área. Aplíquese más en las zonas que causen problemas.

e. Las personas que no puedan levantarse de la cama pueden práticar el ejercicio en ella.

---

1. En el libro anterior del mismo autor, "Sistemas Taoistas para transformar el stress en vitalidad", publicado por esta editorial, se explican a fondo estos ejercicios.

IX. EJERCICIO

A. Como llevar la energía Chi a las manos

1. Inhale aire, contraiga la vagina o los testículos, las nalgas y la parte del ano que se indique —que puede ser la anterior, la posterior, la izquierda o la derecha, o todo él si fuese necesario. Al principio no podrá percibir la diferencia, pero con el tiempo lo conseguirá. En términos generales, la zona que ha de contraerse será la correspondiente al area que se desea masajear. Por ejemplo, tendremos que contraer la zona izquierda para dar masaje al pulmón izquierdo.

2. Aguante la respiración y las contracciones, apriete los dientes y presione el paladar con la lengua mientras se frota la manos con fuerza. Esto estimulará los doce meridianos de las manos.

3. Siga frotando las manos y conteniendo la respiración y las contracciones del ano. Sienta como se calienta la cara. En ese momento visualice con la mente el flujo de la energía que se dirije a sus manos.

4. Cuando tenga la cara y las manos calientes dirija su atención a la zona apropiada y aplique masaje hasta que ya no pueda aguantar la respiración. Exhale y respire con normalidad. Sonría y adquiera conciencia de la zona que está recibiendo el masaje. Sienta el flujo de las energías y un calor excepcional en esa zona.

5. Repita todo el proceso para cada zona que quiera tratar o cuando tenga las manos frías. En esta terapia es importante que las manos mantengan una temperatura cálida. Si están frías, el efecto será nulo.

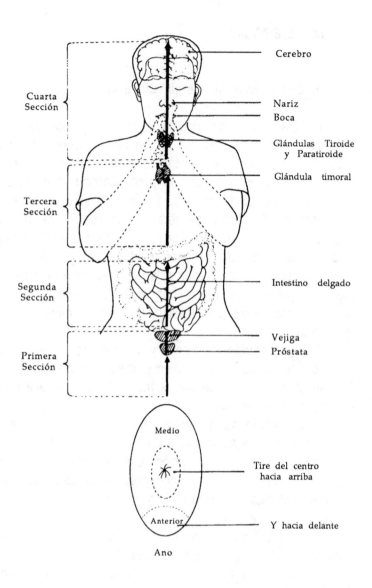

Cuarta Sección

Cerebro

Nariz
Boca

Glándulas Tiroide y Paratiroide

Tercera Sección

Glándula timoral

Segunda Sección

Intestino delgado

Primera Sección

Vejiga
Próstata

Medio

Tire del centro hacia arriba

Anterior

Y hacia delante

Ano

Figura 3-6
Lleve energía Chi a las manos

44

B. Masaje en las Manos

Antes de nada, frótelas hasta que adquieran temperatura.

1. Masaje al pericardio (P-8). Presione el punto medio de la palma de la mano con el dedo pulgar, describiendo círculos (Figura 3-7).

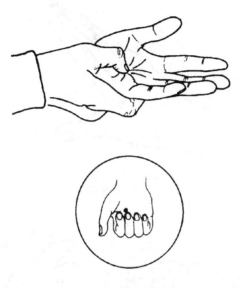

Figura 3-7
Masaje al Pericardio

Con los dedos juntos en la palma y semicerrados,
el pericardio es el punto que queda en la yema del dedo corazón

2. Masaje al intestino grueso (IG-14). Aplique presión a la zona con un movimiento circular del dedo pulgar, con mayor intensidad en la falange del dedo índice. Localice el punto doloroso y trabaje en él. (Figura 3-8)

Punto del Intestino Grueso (IG-14)

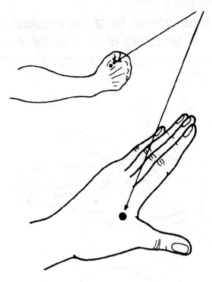

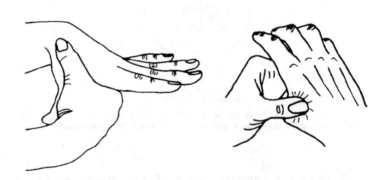

Figura 3-8
Masaje al IG-14

3. Masaje a las líneas principales de la mano. Utilice el pulgar para esta labor. Dé masaje hacia la falange del dedo pulgar y a lo largo de ella. Si guarda mucha emoción en su interior busque el punto doloroso y dele masajes. (Figura 3-9).

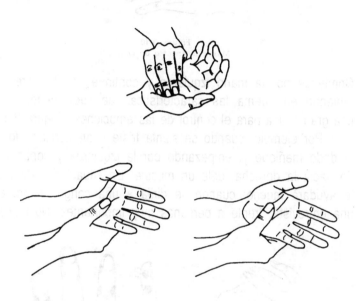

Figura 3-9
Masaje a las líneas de la mano

4. Masaje al dorso de la mano. De nuevo con el dedo pulgar, aplique presión a los huesos del anverso de la mano. Cuando haya localizado el punto sensible, deténgase para trabajar en él. (Figura 3-10)

5. Masaje a los dedos. Frótese siempre las manos hasta que estén calientes. Sírvase de los dedos de la mano izquierda para asir el pulgar de la derecha y luego, uno a uno, apriete y suelte cada dedo de esa mano entre tres y seis veces.

47

Figura 3-10
Masaje al anverso de la mano

Comience por la mano izquierda y continue con la derecha, teniendo en cuenta las características de cada dedo. Será una gran ayuda para el control de las emociones. (Figura 3-11)

Por ejemplo, cuando se sienta triste o atemorizado tome el dedo meñique y, empezando por la izquierda y continuando hacia la derecha, dele un masaje. En situaciones difíciles le ayudará mucho: cuando se dirija a una congregación, en una entrevista, frente a personas muy importantes. No menos

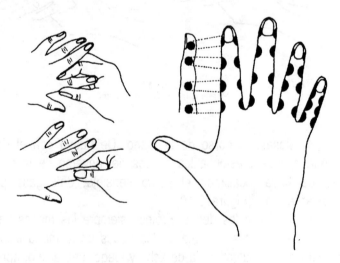

Figura 3-11
Masaje a los dedos

útil será el uso de los Sonidos del Corazón y de los Riñones en combinación con este ejercicio. El dedo anular es el que controla el estado de ánimo. Cuando presienta que se va a enfadar, dele un masaje y observe su talante.

El mejor método para controlar las emociones negativas es la práctica diaria de la Sonrisa Interior y los Seis Sonidos Curativos. Gran cantidad de estudiantes son adictos al tabaco, las drogas o el alcohol. Los componentes tóxicos que se hallan en dichas sustancias se instalan en los órganos y el sistema nervioso, empujándoles a la sobreactividad y elevando a la persona durante un período corto de tiempo. Cuando pasan los efectos, el individuo pasa a un nivel decaido de energía y adquiere un estado aprensivo y nervioso. En tal situación puede utilizar la Sonrisa Interior y la circulación de la Orbita Microcósmica mientras se coge los dedos, y en especial el anular, para recobrar la calma. Muchas personas se sirven de este método sencillo para evitar las drogas, el tabaco y el alcohol. La práctica del Tao proporciona al discípulo la fuerza y el poder que necesita para expulsar del sistema las toxinas acumuladas, eliminando los hábitos nocivos.

X. LOS DEDOS SE CORRESPONDEN CON EMOCIONES, ELEMENTOS Y ORGANOS (Figura 3-12)

a. Los pulgares están relacionados con el bazo y el estómago, es el elemento tierra relacionado con la emoción de la preocupación.

b. El dedo índice se corresponde con el elemento metal y está asociado a los pulmones y el intestino grueso. Se relaciona con la tristeza, la pesadumbre y la depresión.

c. El dedo corazón guarda relación con el elemento fuego y se asocia con el corazón, el intestino delgado y los sistemas circulatorio y respiratorio. Sus emociones afines son la impaciencia y la impulsividad.

d. El anular es el dedo correspondiente al elemento madera y se asocia con el hígado, la vesícula biliar y el sistema nervioso; su emoción es la ira.

e. El dedo meñique es el del elemento agua. Sus órganos asociados son los riñones y su emoción es el miedo.

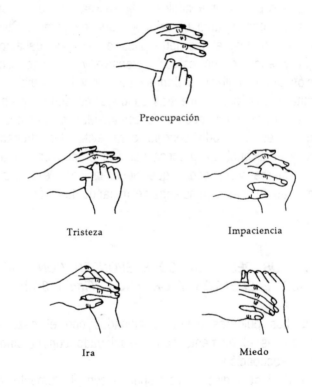

Preocupación

Tristeza   Impaciencia

Ira   Miedo

Figura 3-12
Las emociones, elementos y órganos correspondientes a los dedos

-4-

EL MASAJE
DE LA
CABEZA

El masaje de la cabeza se aplica para remediar el dolor de cabeza, el nerviosismo o cualquier desequilibrio de la energía Chi del cerebro.

Las causas de la cefalalgia y el nerviosismo son muy complejas. En la cabeza se hallan centralizados todos los nervios y es el control central de todo el sistema. En los tiempos que vivimos es habitual encontrar jóvenes que padecen de los nervios. Este motivo provoca en ellos insomnio, falta de apetito, taquicardias, dificultades para respirar, cansancio, apatía, etc. En principio, no parecen indicios sintomáticos pero, en realidad, afectan en gran medida a la eficiencia en el trabajo y suelen desembocar en enfermedades mentales.

El masaje del cráneo refuerza el sistema nervioso. Si quiere sentir el estímulo de la energía Chi de izquierda a derecha, pegue la lengua al paladar y mueva los ojos de izquierda a derecha por la parte superior de su orbita durante el masaje. De esta forma equilibrará ambos hemisferios del cerebro y propiciará un fortalecimiento de las glándulas, los sentidos y los órganos.

Asímismo, este masaje animará la circulación sanguínea y la nutrición del cráneo y el cabello. He visto casos en estudiantes cuyo pelo canoso recobró el color negro o empezó a crecer, aún siendo calvos. También suaviza el cabello. Todas las mañanas y antes de acostarse cepíllese el pelo entre 25 y 50 veces. Busque un buen cepillo y tenga cuidado con el cuero cabelludo. No se arañe el craneo pues, aparte de provocarse dolor de cabeza, podría herirse.

I. LA CABEZA

A. El Punto Coronario (Figura 4-1)

Está localizado en el centro de la coronilla. En la cabeza de un niño debe haber una pequeña depresión en esa zona. El punto coronario es la unión de cien canales a través de los cuales fluye la energía del cuerpo. Dé masaje a esta zona con los dedos corazón de las dos manos. Así aliviará la sensación de vértigo y la jaqueca que son provocadas por el exceso de energía en la cabeza. También remedia la hipertensión arterial y estimula el sistema nervioso.

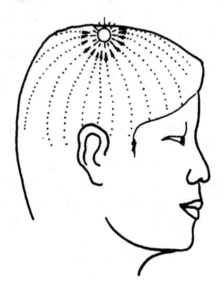

Figura 4-1
El punto coronario es el punto de
unión de cien canales de energía

B. Como llevar la Energía Chi a las Manos y a la Cara

Inhale aire, contraiga los órganos sexuales, las nalgas y la zona media del ano. Frote las manos, apriete los dientes y lleve la lengua al paladar. Cuando la cara, la cabeza y las manos estén calientes respire con normalidad y comience el masaje.

C. Golpes en la Cabeza (Figura 4-2)

Dese golpecitos en todo el perimetro de la cabeza con los nudillos de las manos. De esta forma podrá aclarar las ideas, eliminar la obstinación y objetivizar el razonamiento. Nuestros estudiantes utilizan esta técnica para relajar la presión que esta vida acelerada de tecnología avanzada y superación constante les imprime. Su efecto se manifiesta de forma notable en los estudiantes universitarios que sienten la presión y el stress que les provoca la consecución de sus estudios. Todos los años se dan casos de suicidios entre estudiantes provocados por el stress que acumulan en la cabeza, que les hace incapaces de pensar con claridad; la misma sociedad se les presenta como una obligación y les provoca preocupación, miedo, tristeza y un cúmulo de emociones mezcladas. Unos golpecitos pueden aliviar la presión y el stress que acumula la cabeza.

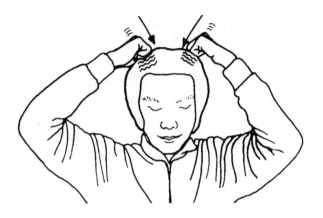

Figura 4-2
Golpes a la cabeza

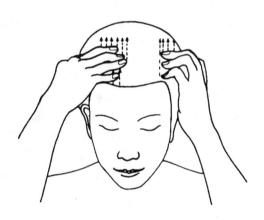

Figura 4-3
Masaje al cuero cabelludo

D. Contenga la Respiración para aumentar el Flujo del Chi

La respiración sostenida aumenta el flujo del Chi en la cara. La cabeza posee muchos canales que se unen en el cráneo, en especial en el punto coronario.

E. El Cuero Cabelludo. (Figura 4-3)

Prepare las manos, la cabeza y el cuero cabelludo calentándolos. Utilice ambas manos a modo de peine, presione con fuerza y muévalas lentamente, desde donde se acaba el cabello hacia la base del cráneo. Al mismo tiempo, dirija la energía desde la zona posterior de la cabeza a los pies. Repítalo entre 6 y 9 veces. Insista en las zonas en las que sienta dolor, hasta que éste desaparezca.

F. La Nuca (Figura 4-4)

Ayudándose de los pulgares, de un masaje en la nuca, en la base del cráneo, hasta que no sienta ninguna molestia (Figura 4-5). Eliminará el dolor de cabeza y de ojos y agudizará la visión. La tradición Tao denomina a esta zona la Laguna del Viento, que intenta recojer los "vientos del mal", la causa principal de las dolencias de los sentidos.

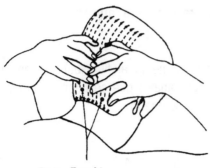

Punto Fengchi

Figura 4-4
La nuca, límite del cráneo

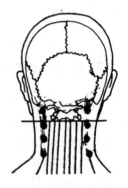

Figura 4-5
Vaya directamente de la línea
del pelo a la base del cráneo

II. LA CARA (Figuras 4-6, 4-8 y 4-9)

A. La Belleza Natural

El masaje facial Chi es un tratamiento de belleza más eficaz que la más cara de las cremas o cosméticos (Figura 4-10). Con él brillará el cutis y, al final, disminuirán las arrugas. La cara es lugar de paso de numerosos meridianos. Cuando éstos se bloquean provocan una disminuición del flujo de la energía Chi y de la circulación. La cara es la primera imagen que imprimimos en las mentes ajenas. La circulación del Chi le confiere una energía atractiva y personal.

58

B. Como llevar la Energía Chi a la Cara

Inhale aire, contraiga los órganos sexuales, las nalgas y las zonas media y anterior del ano. Contenga la respiración, frótese las manos, apriete los dientes y presione el paladar con la lengua. Cuando sienta calor en la cara, visualice el flujo de la energía hacia las manos. Espere a que éstas adquieran temperatura y seguidamente centre su atención en la cara, sosteniendo la respiración hasta que esté caliente.

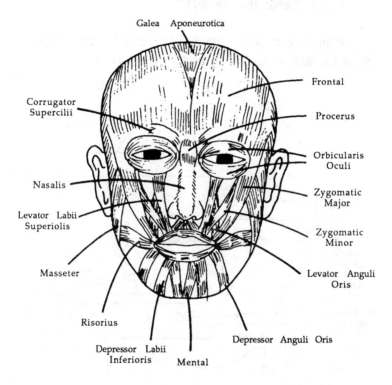

Figura 4-6
Los músculos faciales

Figura 4-7
Frote la frente

C. La Frente (Figura 4-7)

Primero con una mano y luego con la otra, frótese la frente de lado a lado, entre seis y nueve veces.

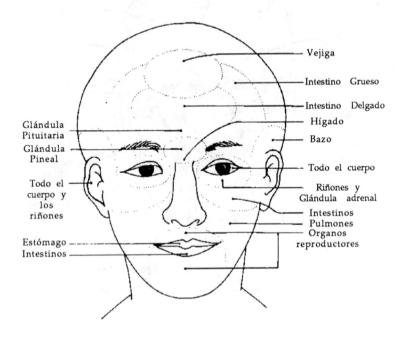

Figura 4-8
Diagrama de las correspondencias de la cara con los órganos

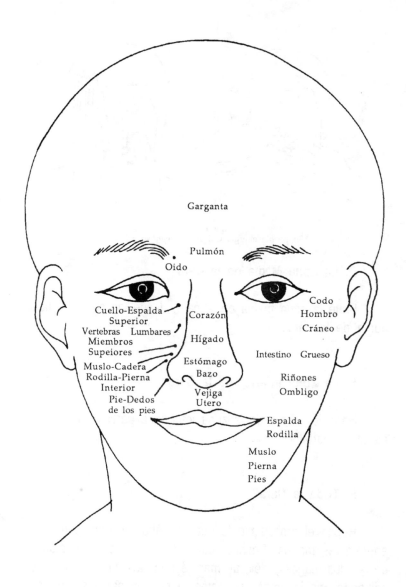

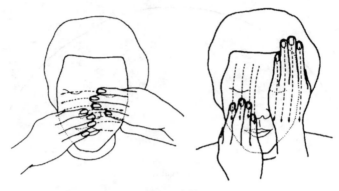

Figura 4-10
Su propia energía Chi es el mejor cosmético

D. La Zona Media de la Cara

Frote la zona media de la cara, desde las cejas hasta la punta de la nariz.

E. La Zona Inferior de la Cara

Haga lo mismo en la zona inferior, a partir de la nariz y hasta la barbilla.

F. Toda la Cara

Repita el procedimiento que utilizábamos para cargar de energía las manos. Respire, cúbrase la cara con las palmas de las dos manos y dele un masaje (Figura 4-11). Hágalo describiendo movimientos verticales para eliminar las arrugas. Exhale el aire y relaje la cara. Descanse y sonría hasta que sienta un cosquilleo cálido.

Figura 4-11
Masaje a toda la cara

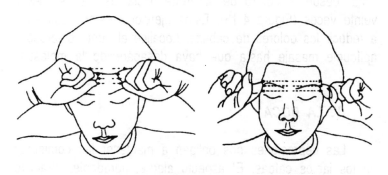

Figura 4-12
Masaje a la frente

G. La Zona central de la Frente

Utilice la articulación de las falanges y los falangines de los dedos índices para dar masaje en la zona central de la frente, desde el entrecejo hacia las sienes. (Figura 4-12)

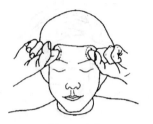

Figura 4-13
Masaje a las sienes

III. LAS SIENES

El masaje de las sienes se lleva a cabo describiendo movimientos circulares con los pulgares, primero en el sentidos de las agujas del reloj y después en sentido antihorario. Dé masaje a la frente y a las sienes; utilice los nudillos para frotar desde el centro de la frente hacia las sienes diez o veinte veces (Figura 4-13). Estos ejercicios están destinados a reducir los dolores de cabeza. Localice el punto doloroso y aplíquele masaje hasta que haya desaparecido la molestia.

IV. LA BOCA

Las depresiones nos obligan a mantener las comisuras de los labios caídas. El aspecto alegre, agradable, atractivo y feliz depende en gran medida de los ojos y de la expresión de los labios. Cuando los músculos de la boca se hallan relajados por culpa del stress, la depresión o la tristeza, la comisura de los labios cae y el sistema de energía del cuerpo se subyuga a un modo de funcionamiento inferior. A nadie le agrada ver un rostro triste o una cara disgustada, pues provoca la misma sensación de tristeza y desagrado en uno mismo.

El flujo de energía del cuerpo y la expresión del rostro son los poderes de atracción principales de una persona. El masaje de los músculos de la boca hacia arriba ayudará a mantener levantadas las comisuras de los labios. La Sonrisa Interior y una expresión de la boca agradable son factores importantes en la creación de energía agradable.

A. El Masaje de la Boca

Ayudado por los dedos pulgar e índice de la mano derecha tóquese las comisuras de los labios y perciba la transmisión del Chi desde los dedos a la boca. Suavemente, apriete y empuje hacia arriba, aproximadamente dos centímetros; suelte y empiece de nuevo. Hágalo diez o viente veces al día. (Figura 4-14)

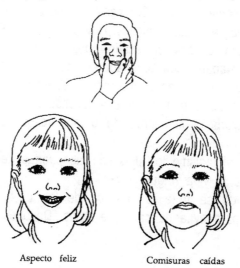

Aspecto feliz   Comisuras caídas

Figura 4-14
Masaje para embellecer la boca

65

V. LOS OJOS

Los ojos son las ventanas del espíritu (Figura 4-15). El Taoismo los relaciona con la energía Yang, que guía el flujo del Chi por el cuerpo. La influencia de los ojos en la personalidad es notable. Ciertas personas nacen con gran cantidad de masa blanca en los ojos —tres partes blancas para una de iris; suelen llamarse "ojos ladrones" u "ojos agresivos peligrosos". Tales órganos se manifiestan en miradas sospechosas, presagio de acontecimientos desagradables. Gracias al ejercicio, se puede corregir poco a poco la porción blanca de los ojos.

Puesto que están conectados con todo el sistema nervioso, los ojos revisten una importancia especial. En principio, nos informan del estado de salud del cuerpo entero. Buscando en ellos podemos saber que órganos están debilitados y/o contaminados. El masaje de los ojos puede reducir el stress de los órganos vitales. Hoy en día su utilidad ha aumentado con respecto al pasado, pues se usan para leer, ver televisión, trabajar con ordenadores, sistemas electrónicos y microscopios. Este hecho los somete a esfuerzos considerables que acaban mermando sus facultades hasta tal punto que la mayoría de la energía del órgano acaba desperdiciada.

Para el taoismo los ojos son las puertas del alma y la entrada de la vida (Figura 4-16).

Cuando se frote los rabillos de los ojos hágalo con suavidad para evitar la caida de éstos. Después frote hacia arriba.

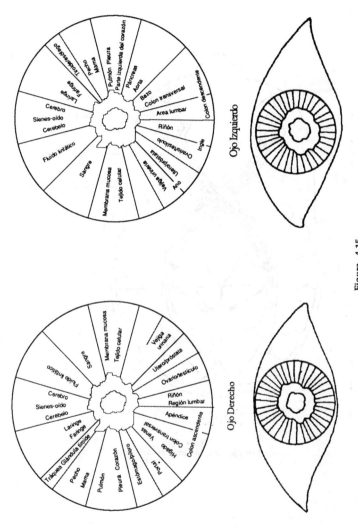

Figura 4.15
Los ojos son las ventanas del espíritu

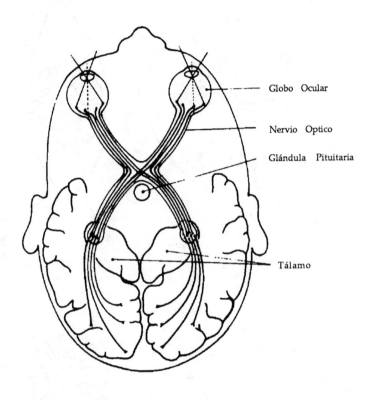

Globo Ocular

Nervio Optico

Glándula Pituitaria

Tálamo

Figura 4-16
Los ojos son las puertas del alma

A. Como Llevar la Energía Chi a las Manos y los Ojos

Repita el procedimiento de cargar las manos de energía inhalando aire. Contenga la respiración y contraiga los órganos sexuales, las nalgas y las zonas media, izquierda y derecha del ano. Dirija el Chi a los dos ojos. Frótese las manos, apriete los dientes y ponga la lengua en el paladar. Dirija la energía a la cara y de nuevo a las manos. Cuando estén calientes sitúelas ante los ojos hasta que los sienta cargados de energía.

B. Los Globos Oculares y Su Zona

Cierre los ojos. Dé un masaje ligero con las yemas de los dedos a los globos oculares, a través de los párpados. Hágalo seis u ocho veces en sentido horario y otras tantas en sentido contrario. Después haga lo mismo en la zona circundante de los párpados. (Figura 4-17) Preste atención a los puntos

Figura 4-17
Utilice las yemas de los dedos para dar masaje suave a los globos oculares

69

Figura 4-18
Tire de los párpados

dolorosos y aplíqueles masaje hasta que desaparezca la molestia. Tenga en cuenta los bordes exteriores e interiores de los ojos. Son puntos de paso del meridiano de la vesícula biliar y su masaje puede evitar dolencias oculares.

C. Los Párpados

Para aumentar el flujo hay un ejercicio sencillo que consiste en tirar de los párpados. Cójalos con los dedos pulgar e índice, tire hacia afuera y suelte. Repítalo entre seis y nueve veces. (Figura 4-18)

D. Las Cuencas de los Ojos

Doble los pulgares y, con los falangines, frote los huesos que se encuentran por encima y por debajo de las cuencas de los ojos. Repítalo entre seis y nueve veces. (Figura 4-19)

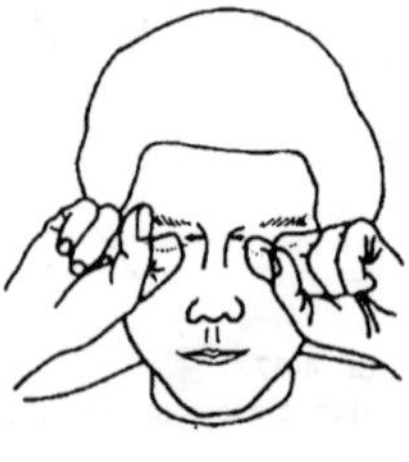

Figura 4-19
Masaje a las cuencas de los ojos

E. Para Segregar Lágrimas

Situe el dedo índice erguido a 20 cm. de los ojos e identifique un punto sobre una pared a 2 m. de distancia. Mire sin parpadear hasta que le escuezan los ojos. (Figura 4-20) Los taoistas creemos que las toxinas son expulsadas del cuerpo a través de los ojos. Este ejercicio le permitirá derramar algunas lágrimas y fortalecerá sus ojos. Después frótese las manos hasta que adquieran temperatura, cierre los ojos y cubra las cuencas con las palmas. Sienta como los ojos absorben el Chi de las manos. (Figura 4-21) Dé 6 ó 9 vueltas a los ojos, primero en sentido horario y después antihorario.

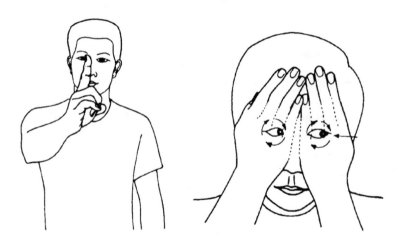

Figura 4-20
Expulsión de una lágrima

Figura 4-21
Absorción del Chi en los ojos

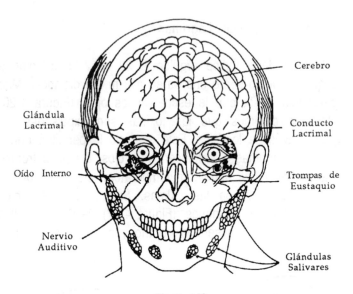

Figura 4-22
Las partes de los ojos se relacionan con los sentidos y el cerebro

F. Movimientos de los Globos Oculares

Las cuencas de los ojos están divididas en cinco partes. Cada una está relacionada con una serie de órganos y nervios. (Figura 4-22) Concéntrese en ellos. (Figuras 4-23)

Figura 4-23
Tome conciencia de los ojos

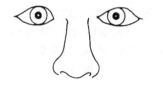

(1) Presión al oído interno

(2) El ojo izquierdo presiona el
canal auditivo.
El ojo derecho presiona la
Trompa de Eustaquio

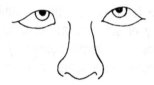

(3) Presión a la glándula
pituitaria

(4) El ojo derecho presiona
el canal auditivo
El ojo izquierdo presiona la
Trompa de Eustaquio

(5) Presión a la Trompa
de Eustaquio

Figura 4-24

El movimiento de los ojos estimula los sentidos, las glándulas y la mente. (Figura 4-24) Asímismo es el mejor ejercicio para los músculos oculares. Éstos trabajan poco y, por ello, se debilitan y contribuyen a la perdida de la agudeza visual.

73

1. Con los ojos cerrados y cubiertos con la palmas de las manos, inhale aire, contraiga el ano y los órganos sexuales y empuje los globos oculares hacia el interior de sus cuencas.

2. Contraiga la zona media del ano y la de los globos oculares.

3. Contraiga la zona anterior del ano y de lo ojos.

4. Contraiga la zona posterior del ano y de los ojos.

5. Contraiga la zona derecha del ano y de los ojos.

6. Contraiga la zona izquierda del ano y de los ojos.

Este ejercicio fortalece los ojos y también las glándulas pituitaria y pineal y el oido interno, el tímpano y las trompas. Cuando empuja los ojos hacia adentro y hacia arriba hace trabajar los músculos superiores y estimula las glándulas pituitaria y pineal.

Al contraer y presionar la zona media se ejercitan los músculos del fondo del ojo y el oido interno.

En cuanto a los bordes exteriores del ojo, fortalecen los músculos laterales y los tímpanos y conductos del oido.

Los bordes interiores de los ojos fortalecen los músculos interiores, los conductos lacrimales y la nariz.

Por último, la contracción de la zona inferior de los ojos hace sentir su influencia sobre la parte interior de los conductos auditivos y el sistema nervioso.

G. Sepa Mantener un Contacto Visual

Hay personas que se ponen nerviosas y sienten miedo cuando miran a los ojos de su interlocutor y sus voces se atenúan y se hacen apenas audibles por culpa de la debilidad de sus órganos. Otras miran a todos lados excepto a los ojos cuando hablan con alguien. La causa puede encontrarse en la falta de vitalidad de la vesícula biliar y los riñones. Para superar este problema puede apoyarse en la Sonrisa Interior, los Seis Sonidos Curativos y el Rejuvenecimiento Tao, además de la práctica de la observación.

Mire su cara reflejada en un espejo durante dos o cinco minutos. Hágalo a diario la primera semana. A partir del día diez puede empezar a fijar la mirada en los ojos y a aumentar la confianza mirando al iris. Poco a poco perderá el miedo a centrar su mirada en los ojos de los demás.

VI. LA NARIZ

La nariz desempeña varias funciones importantes. Al respirar por la nariz, como es debido, no por la boca, ésta filtra la suciedad y evita que llegue a los pulmones. Asímismo, este proceso regula la temperatura del aire. Si es muy frío, la nariz lo calentará antes de nada. La omisión de esta acción reguladora podría provocar consecuencias en los pulmones y ocasionarnos enfermedades del aparato respiratorio superior o resfriados frecuentes. Es una gran ventaja que la gente que practica el Sistema Tao rara vez se resfríe.

Hay tres meridianos que discurren por la nariz: el intestino grueso, el estómago y el Controlador o Canal posterior. Si nos frotamos la nariz fortalecemos el sistema de regulación de temperatura, estimulamos los órganos mencionados e incrementamos la secreción de hormonas. En China se llega a anestesiar cualquier miembro del cuerpo que haya que operar con una pocas agujas que se clavan en la nariz.

Una nariz de salud deficiente llega a afectar a la personalidad. El atractivo de una persona se puede ver mermado por culpa del aspecto de ésta (estrecha, chata, insalubre, etc.) o porque su hechura sea mala. En cambio, una nariz fuerte ayuda a conseguir un buen Chi. La nariz es la primera entrada del aliento de la vida.

Si es débil, estará infectada y de sus cavidades goteará moco. La voz puede verse afectada en ese caso. Los grandes cantantes disfrutan en todos los casos de una buena nariz. La frotación y el masaje de este miembro aumenta el Chi y tonifica la circulación a su alrededor.

A. Llevar Energía Chi a las Manos

Repita el procedimiento de llevar energía a las manos, contrayendo la zona anterior del ano.

B. Las Fosas Nasales

Abra las fosas nasales (Figura 4-25) ayudándose de los dedos pulgar e índice. Introdúzcalos en las cavidades y muévalos a derecha e izquierda y arriba y abajo diez o veinte veces. De este modo ensanchará la entrada de aire a los pulmones. Tambien aliviará los problemas de sinusitis y corregirá el sentido del olfato.

C. El Entrecejo

Para el entrecejo utilice el pulgar y el índice y aplique masaje tirando de él repetidas veces. Mientras lo hace inhale aire lentamente e imagine que es aire puro y limpio; exhálelo

Figura 4-25
Ensanche las fosas nasales

lentamente e imagine que está sucio. Hágalo entre nueve y treinta y seis veces. (Figura 4-26) Es bueno para la sinusitis.

D. El Tabique Nasal

Coloque el pulgar y el dedo corazón a ambos lados del tabique nasal. Apoye el índice sobre él. Inhale y ejerza una presión suave. Exhale y relájese. (Figura 4-27) Sienta en la nariz el calor de los dedos y absórbalo. De esta forma aumentará la concentración y calmará la mente.

Figura 4-26
De masaje al entrecejo

Figura 4-27
De masaje al tabique nasal

77

E. Los Lados

Para los lados de la nariz utilice los dedos índice y de un masaje lento de arriba hacia abajo que irá aumentando poco a poco, entre nueve y treinta y seis veces. (Figura 4-28) También alivia la nariz taponada y la sinusitis. Al principio no lo haga con fuerza pues las capas sensibles de la piel son muy delicadas y se pueden infectar con facilidad. Frótese los lados de la nariz hasta que estén calientes; le vendrá bien en invierno, cuando hace frío, y al levantarse todas las mañanas.

F. La Parte Inferior de la Nariz

Aplique un masaje lento y aumente la presión poco a poco cuando esté seguro de que no se va hacer daño. Entonces dé un masaje intenso de lado a lado y de forma completamente perpendicular al tabique nasal. (Figura 4-29) Es útil para la sinusitis y la nariz taponada

Figura 4-28
Masaje a los lados de la nariz

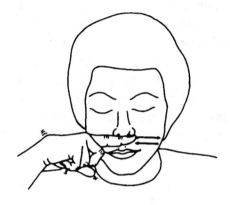

Figura 4-29
Masaje a la zona inferior de la nariz

VII. LOS OIDOS

En China pensamos que una persona con orejas grandes y espesas es acreedora de una vida larga y saludable y de una personalidad atractiva. Los siguientes ejercicios pueden prevenir la pérdida de agudeza auditiva que se sufre con la edad. Las orejas, que contienen 120 puntos, son mapas de acupuntura de todo el cuerpo. Muchos acupuntores se sirven tan sólo de esos puntos para sanar las enfermedades y para controlar el peso.

A. El Oido Exterior

Repita el método para llevar energía a las manos, contrayendo las zonas izquierda y derecha del ano.

1. Parte anterior y posterior: Deje un espacio entre los dedos índice y corazón y frote por delante y por detrás de las orejas simultáneamente. (Figura 4-30(1))

2. Orejas: Frotelas con todos los dedos. Así estimulará el sistema nervioso autónomo y calentará todo el cuerpo, sobre todo si hace frío. (Figura 4-30(2))

3. Lóbulos de las orejas: Con los dedos pulgar e índice tire hacia abajo de los lóbulos de las orejas. (Figura 4-30(3))

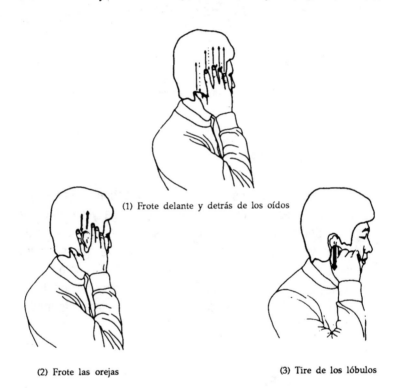

(1) Frote delante y detrás de los oídos

(2) Frote las orejas

(3) Tire de los lóbulos

Figura 4-30

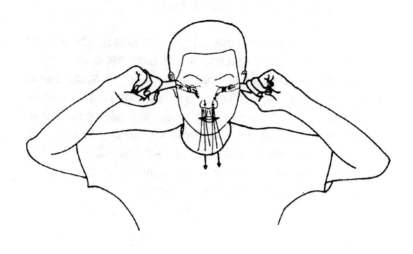

Figura 4-31
Ejercicio del tímpano

4. Ejercicios para los tímpanos: Vuelva a cargar las manos de energía contrayendo las zonas izquierda y derecha del ano. Inhale y después expulse todo el aire. Tape los oidos con los dedos índice; sentirá una especie de vacío. Si no fuese así, exhale más aire. Mueva los dedos hacia delante y hacia atrás, de seis a nueve veces, a su propio ritmo hasta que sienta que el interior de los oidos también se mueve y separe los dedos con un movimiento rápido. (Figura 4-31) Ha de sentir un ligero estallido tras el cual podrá oír mejor y su mente estará más lúcida.

B. El Oido Interno (Figura 4-32)

Repita el ejercicio para cargar las manos de energía contrayendo las zonas derecha e izquierda del ano.

Siendo inaccesible, el interior del oido no suele ejercitarse y se debilita con la edad. Los dos ejercicios siguientes aprovechan la presión y la vibración del aire para potenciar el oído interno. Los canales auditivos, las fosas nasales y la boca están conectados entre sí. En este ejercicio vamos a aprovechar la presión que hay en los pulmones y que se alivia por la boca para aplicarla al oido interno.

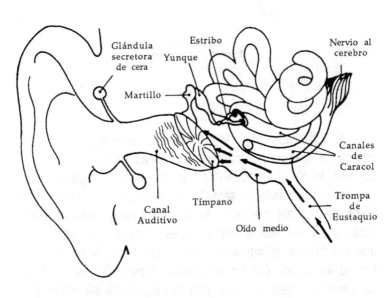

Figura 4-32
Diagrama del oído interno

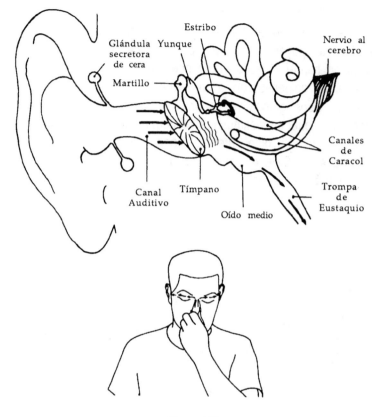

Figura 4-33
Ejercicio del oído interno

1. Ejercicio de soplado: Inhale, llene de aire los pulmones y las cavidades nasales; cierre la boca y tape las fosas nasales con los dedos índice y pulgar de una mano. Sople por la nariz, que está cerrada, con suavidad y después introduzca aire. Debe sentir cómo se destaponan los oidos. Repítalo dos o tres veces. (Figura 4-33) No sople con fuerza, pues podría hacerse daño. Si desea obtener el mejor resultado de cada ejercicio habrá de ejercutarlos con suavidad.

83

2. Ejercicio para el sistema nervioso de los oidos: Cúbrase las orejas con las palmas de las manos de manera que los dedos se apoyen en la parte posterior de la cabeza. En esta posición monte el dedo índice sobre el anular de manera que pueda dar golpecitos en la zona inferior, o hueso occipital, del cráneo. Esos golpecitos tienen que sonar con cierta fuerza para que puedan estimular el sistema nervioso, el oido y el mecanismo del oido interno. Repita nueve veces o más. (Figura 4-34) Este ejercicio equilibrará la actividad del oido y estimulará los senos mastoideos.

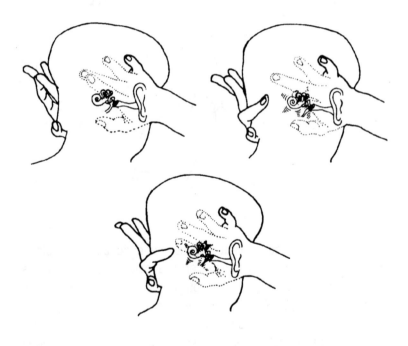

Figura 4-34
Golpes en el tímpano

VIII. LAS ENCIAS, LA LENGUA, LOS DIENTES

Tener las encías sanas es condición ineludible para una dentadura saludable, pues por algo los dientes están enraizados en ellas. Los siguientes ejercicios fortalecen tanto la dentadura como las encías. Los dientes son el exceso de energía de los huesos. Así, cuando la dentadura es fuerte, también lo es el esqueleto. Por su parte, si la lengua se encuentra en buen estado el aliento mejora, eliminando la fetidez.

La saliva es tenida por una forma esencial de energía que puede lubricar los órganos y el sistema digestivo. La lengua es la puerta del corazón y el tejido que forma a ambos es el mismo. Por tanto, una lengua limpia y sana potenciará los órganos, y en especial el corazón. Debe cepillarla o rascarla dos veces al día; para darle masaje tendrá que utilizar un depresor o un dedo limpio. Busque los puntos de dolor y deles masaje hasta que éste desaparezca.

A. Energía Chi en las Manos

Repita el procedimiento habitual contrayendo la zona media del ano.

B. Las Encías

Abra la boca y apriete los labios tensos contra los dientes. Utilice la yema de los dedos índice, corazón y anular para golpear suavemente la piel que cubre las encías supe-

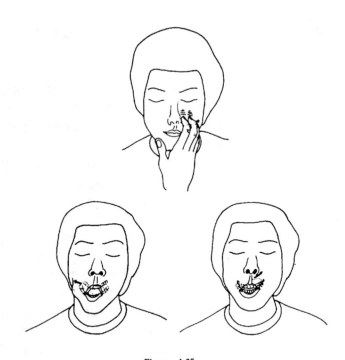

Figura 4-35
Ejercicio para las encias
De masaje a las dos encias con la lengua

rior e inferior. Continúe hasta que note que la zona adquiere temperatura. (Figura 4-35)

C. Las Encías y la Lengua

Dé masaje a ambas encías con la lengua. Después trague saliva, apriete la lengua contra el paladar y haga movimientos con ella. A la par que fortalece la lengua hará lo mismo con el corazón. Mantenga la presión. Tense los músculos del cuello y trague saliva. De este modo lubricará las glándulas y los órganos digestivos.

D. La Lengua (Figuras 4-36 y 4-37)

Siéntese y ponga las manos sobre las rodillas, con las palmas hacia abajo. Exhale aire y ponga los brazos en tensión, extendiendo los dedos, pero sin separar las manos de las rodillas. Abra la boca al máximo y saque la lengua afuera y hacia abajo. Una vez en esta situación mírese la punta de la nariz. Todo el cuerpo ha de estar en tensión. Contenga la respiración todo lo que pueda. Relájese expulsando el aire y normalizando el ritmo respiratorio. De esta forma fortalecerá la garganta, la lengua y la fuerza de voz. Este ejercicio es beneficioso para mejorar la respiración insuficiente y aclarar la voz.

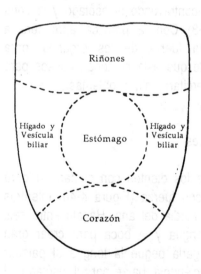

Figura 4-36
Diagrama de las partes de la lengua
y de sus órganos correspondientes

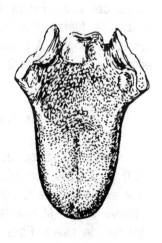

Figura 4-37
La lengua

87

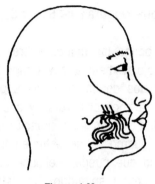

Figura 4-38
Haga presión con la lengua contra el paladar

Inhale aire. Ahora exhale mientras saca la lengua y la inclina hacia abajo todo lo que le sea posible. Seguidamente trate de tragarsela doblándola hacia atrás. Haga presión contra el paladar y ayúdese contrayendo el esófago y la zona media del ano. (Figura 4-38) Con la práctica aprenderá a utilizar la fuerza interior, la fuerza de los órganos, para apretar la lengua. A pesar de que ésta no tenga huesos para hacer fuerza, Vd. podrá ejercitarla sin problemas.

E. Aprentar los Dientes

Relaje los labios. Junte los dientes con cuidado (Figura 4-39) y después apriételos con fuerza (Figura 4-40) mientras toma aire y contrae la zona media del ano. Hágalo entre seis y nueve veces. Mueva la lengua y la boca para crear gran cantidad de saliva. Para tragarla pegue la lengua al paladar y "engulla" rápidamente, haciéndola bajar por el esófago al estómago. Sienta cómo los órganos absorben su calor. Este ejercicio previene los males de las encías y fortalece los dientes, aliviando el dolor.

F. Energía para los dientes

Cierre la boca y deje que los dientes se rocen ligeramente. Dirija a ellos su energía. Sienta el flujo eléctrico de la energía cada vez más intenso.

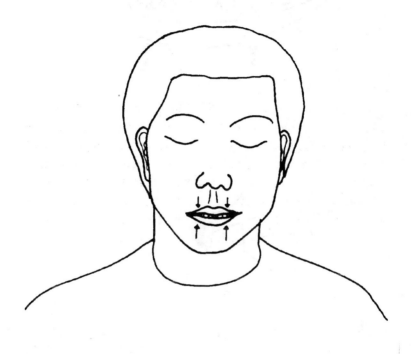

Figura 4-39
Junte los dientes suavemente

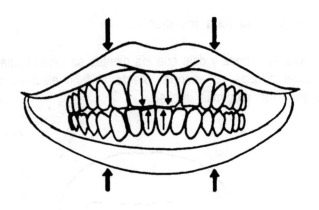

Figuras 4-40
Apriete los dientes con fuerza

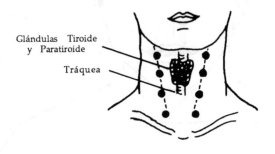

Glándulas Tiroide
y Paratiroide

Tráquea

Figura 4-41

IX. EL CUELLO

A. Glándulas Tiroide y Paratiroide
De ellas parte el ímpetu, la fuerza de voz. (Figura 4-41)

El cuello es la zona de mayor tránsito de todo el cuerpo y en él se encuentran las glándulas tiroide y paratiroide (Figura 4-42). Cuando se les da masaje se incrementa el metabolismo del cuerpo. La tensión del cuello también puede ser provocada por el desequilibrio emocional. Si nos encontramos alterados y nerviosos es porque estamos respondiendo a emociones negativas, como pueden ser el odio, el miedo y la tristeza. El cuello se puede comparar con un atasco de circulación. Todos los impulsos, además de las emociones, tienen que pasar por él. El stress y las dificultades emocionales provocan la acumulación y el bloqueo de la tensión. De manera inconsciente, los músculos se tensan tratando de bloquear el dolor. En cambio, si mantenemos el cuello relajado, permitiremos que el Chi fluya al centro superior que se haya localizado en el cerebro, asegurando la armonía mutua del cuerpo y la mente.

La tensión del cuello puede disminuir el ímpetu y bloqueará la auto-expresión en la garganta. Si el flujo de la energía Chi es el adecuado, podremos expresarnos apropiadamente en el momento, lugar y modo debidos.

El cuello es un lugar de paso para muchos meridianos y es el canal de la energía Chi de los órganos. En medio de él podemos encontrar el meridiano Controlador. A los lados se hayan los de la vesícula, el triple calentador y el del intestino. Las emociones que discurren por ellos pueden atascarse allí.

Emoción	Organo / Organo Asociado
Odio	Hígado / Vesícula biliar
Miedo	Vesícula / Riñones
Angustia	Intestino G. / Pulmones
Irritación	Corazón / Intestino delgado / Triple calentador
Preocupación	Bazo / Estómago / Páncreas

B. Llevar Energía Chi a las Manos

Efectúe el procedimiento de llevar energía Chi a las manos mientras contrae la zona anterior del ano.

C. Todo el Cuello

Separe los pulgares de los demás dedos. Cruce las manos y cójase el cuello desde la barbilla hasta la base, de nueve a treinta y seis veces. (Figura 4-42)

D. Zona Media del Cuello

Con las manos cruzadas, utilice los dedos índice, corazón y anular para frotar el cuello, desde la barbilla hasta la base, hacia abajo, entre nueve y treinta y seis veces. Las glándulas tiroide y paratiroide se hallan en la parte delantera del cuello. Haciendo uso de los pulgares y de los otros tres dedos dé masaje a esas glándulas. Localice los puntos dolorosos y trabaje en ellos hasta que los sienta abiertos. El masaje sobre esta zona le ayudará a mejorar el metabolismo y la fuerza de voz.

Figura 4-42
Frote el cuello desde la barbilla a la base

92

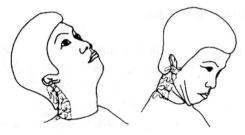

Figura 4-43
Cuello de tortuga

E. Cuello de Tortuga

Hunda la barbilla y despúes tire de ella hacia arriba y
atrás. (Figura 4-43) Sienta como las vértebras se aprietan y
luego se despegan. Este ejercicio sirve para separar las
vértebras y los discos intervertebrales.

F. Cuello de Cigüeña

Empuje la barbilla hacia delante trazando círculos. Bá-
jela, vuelva a levantarla y empuje de nuevo. (Figura 4-44)
Note como la columna vertebral se expande para después
contraerse

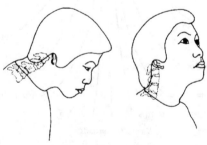

Figura 4-44
Cuello de cigüeña

G. Masaje del Cuello

Dé masaje a los puntos que se alinean en la parte trasera del cuello y sobre las vértebras cervicales. Empiece por los hombros y suba hasta la base del cráneo. (Figura 4-45) Utilice el puño para dar golpecitos. (Figura 4-46) Si encuentra un punto doloroso o en tensión, aplíquele masaje hasta que se alivie. De esta forma relajará la tensión del cuello y ayudará a la desintoxicación de los cúmulos de residuos de esta zona que son causa de numerosos dolores de cabeza.

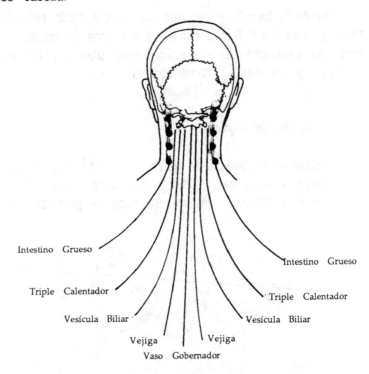

Intestino Grueso

Intestino Grueso

Triple Calentador

Triple Calentador

Vesícula Biliar

Vesícula Biliar

Vejiga

Vejiga

Vaso Gobernador

Figura 4-45
De masaje a los puntos del cuello

Figura 4-46
Golpee el cuello con el puño

X. LOS HOMBROS

La mayoría de la personas mantienen los hombros apretados y levantados cuando están nerviosos o se encuentran preocupados. Para relajar esta tensión tendrá que empujarlos hacia arriba, presionando contra el cuello y tensando los músculos de ambas partes. Aguante la respiración un momento, exhale profundamente y deje caer los hombros atraidos por la gravedad, como si fueran un saco de patatas. (Figura 4-47) Note cómo cae al suelo la carga, la preocupación y el stress. Siéntase caido. Repita el ejercicio de tres a nueve veces y la tensión desaparecerá.

Relaje los hombros y el pecho; exhale aire y tranquilícese aún más, hasta que ya no sienta ninguna tensión.

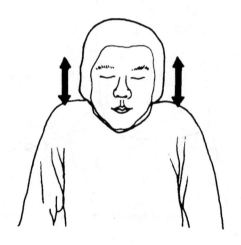

Figura 4-47
Hundir los hombros ayuda a liberar
la tensión y la preocupación

-5-

DESINTOXICACION DE LOS ORGANOS Y LAS GLANDULAS

Bastan unos golpecitos sobre cualquier órgano para levantar la capa de sedimentos tóxicos que lo cubren y para incrementar el flujo y la circulación del Chi por esa zona. Nuestros terapeutas aseguran que son capaces de sanar gran cantidad de enfermedades crónicas que la medicina convencional apenas si puede.

I. LA GLANDULA TIMORAL

La glándula timoral controla el sistema inmunológico y guarda relación con la longevidad. (Figura 5-1) Esta glándula suele atrofiarse tras la infancia, pero los estadios elevados de práctica taoista permiten reactivarla. Es una gran ayuda para el mantenimiento de la salud y la vitalidad y proporciona un gran nivel espiritual. El estímulo de esta glándula incrementa su actividad y la secreción de hormonas.

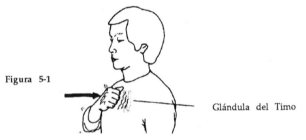

Figura 5-1

Glándula del Timo

a. Lleve la energía a las manos por el procedimiento habitual, contrayendo la zona anterior del ano y canalizando el Chi hacia el timo.

b. Cierre el puño, tome aire y dese golpecitos en el pecho, desde la base del cuello hasta los pezones, entre seis y nueve veces. No hable mientras ejecuta este ejercicio pues podría hacerse daño.

II. EL CORAZON

Si damos golpecitos sobre un órgano estimulamos la eliminación de toxinas que permite a ese órgano su propia regeneración y ajuste. Cuando lleve a cabo ejercicios de este tipo mantenga el control de la fuerza que aplica, pues si se excede puede hacerse daño.

a. Cargue las manos de energía contrayendo la parte izquierda del ano y llevando el Chi al corazón.

b. Entre seis y nueve veces, dé manotazos suaves sobre el corazón con la palma de la mano. (Figura 5-2) No hable.

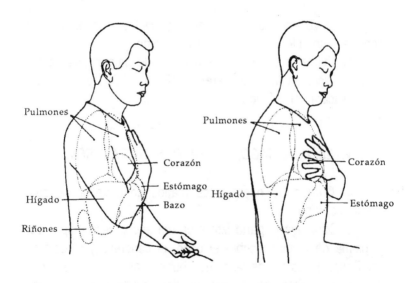

Figura 5-2
De golpes sobre la zona del corazón, los pulmones y el hígado

III. LOS PULMONES

a. Lleve energía a las manos contrayendo la zona derecha del ano y canalizando el Chi hacia los pulmones.

b. Con la palma de la mano, dese golpecitos por todo el pulmón derecho, pero sin que llegue a ser molesto. (Figura 5-2) No hable. Contraiga la parte izquierda del ano y haga lo mismo en el pulmón izquierdo. Le servirá para expulsar moco y limpiar los pulmones.

IV. EL HIGADO

a. Lleve energía a las manos y contraiga la parte derecha del ano. Lleve energía Chi al hígado.

b. Utilice la palma de la mano y de palmetazos bajo la caja torácica, en la parte derecha. (Figura 5-2) No hable. Así desintoxicará el hígado.

V. EL ESTOMAGO, EL BAZO Y EL PANCREAS

a. Cargue de energía las manos contrayendo la zona media del ano.

b. Contraiga la parte izquierda del ano y dese golpes con la palma de la mano sobre el bazo, el páncreas y el estómago. Ponga la palma de la mano sobre el anverso de la otra y frótese por debajo de la caja torácica, desde el centro hacia la izquierda y luego desde la izquierda hacia el centro.

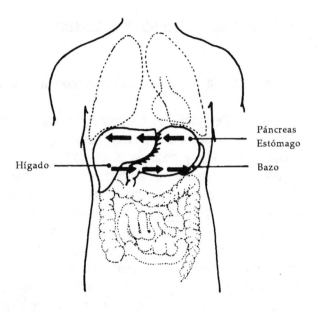

Páncreas
Estómago

Hígado

Bazo

Figura 5-3
Frote el estómago, el bazo y el páncreas

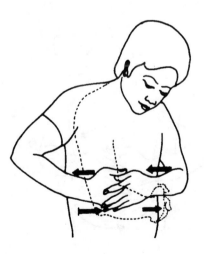

Figura 5-4
Frote atrás y adelante sobre el hígado, el estómago y el bazo

101

VI. INTESTINOS GRUESO Y DELGADO

a. Lleve energía a las manos contrayendo la zona media del ano.

b. Intestino Delgado: Con las palmas unidas describa un pequeño círculo alrededor del ombligo, primero en el sentido de las agujas del reloj y después al contrario.

El intestino delgado es el conducto más largo del aparato digestivo. Una dieta descuidada, la ingestión de alimentos muy calientes o los productos lácteos pueden crear un moco que se adhiere a sus paredes, bloqueando la absorción de los nutrientes y retardando la digestión. Una vez se ha acumulado este moco, se asemeja a una bola de nieve que va creciendo de tamaño, pudiendo convertirse al final en un obstáculo que entorpezca la circulación por el aparato digestivo.

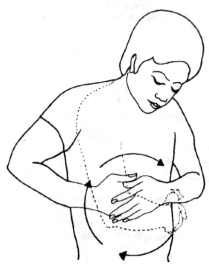

Figura 5-5
Masaje al abdomen

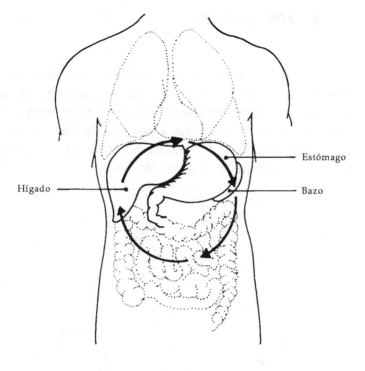

Hígado

Estómago

Bazo

Figura 5-6

c. Intestino Grueso: Ponga la palma de la mano sobre el anverso de la otra y frótese el abdomen, describiendo un círculo amplio. Empiece en la parte inferior derecha y mueva las manos en sentido horario. (Figuras 5-5 y 5-6) De esta forma pondrá en movimiento la energía del intestino y eliminará el estreñimiento. Si lo que padece es diarrea, gire en sentido contrario a las agujas del reloj. Si su eliminación es normal, frote en ambos sentidos. Estos ejercicios incrementan la absorción y disuelven los residuos que se adhieren a las paredes del intestino grueso.

VII. LOS RIÑONES

La función de los riñones es filtrar los materiales de desecho de la sangre. Si los residuos del sistema son muchos, estos órganos no pueden desarrollar tanta tarea y los desechos se acumulan en sus conductos, dañando su salud. Golpeando la zona lumbar podemos disolver estos sedimentos nocivos y prevenir la disfunción renal.

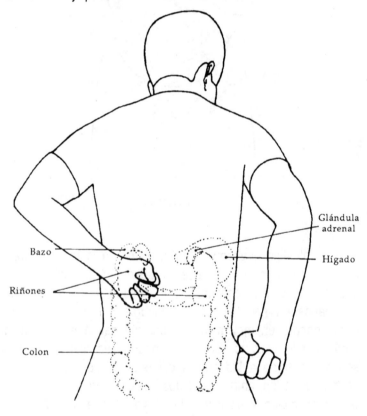

Figura 5-7
Los golpes en los riñones desprenden los sedimentos

a. Cargue de energía las manos contrayendo las zonas derecha e izquierda del ano.

b. Localice los riñones exactamente por debajo de la última costilla, o flotante, a ambos lados de la columna vertebral. Dese golpecitos con el anverso del puño, entre los nudillos y las muñecas. (Figura 5-7) Combine las manos y golpée, pero sin que llegue a causar molestia. Será una buena ayuda para eludir los sedimentos, los cristales y el ácido úrico que quedan aprisionados en los riñones. Asímismo fortalecerá estos órganos y alviará la lumbalgia.

c. Frótese las manos para calentárselas. Después frote los riñones de arriba hacia abajo hasta que sienta que adquieren cierta temperatura.

VIII. EL SACRO

El sistema taoista considera al sacro como un elemento extremadamente importante. Es tenido por una bomba que ayuda a empujar el flujo del fluido espinal y energía (Chi) al cerebro. Es también el nexo que une los órganos sexuales, el recto y las piernas. El dolor ciático, que se proyecta en las piernas, se origina en el sacro; por tanto, su fortalecimiento aliviará esta desagradable molestia.

a. Lleve energía a las manos, contrayendo la zona posterior del ano, hacia el sacro.

b. Con los nudillos de las dos manos alternativamente, dese golpecitos a ambos lados del sacro. Primero sobre la zona de los ocho agujeros sacros y después sobre el hiato, la depresión que hay a ambos lados del sacro. (Figura 5-8)

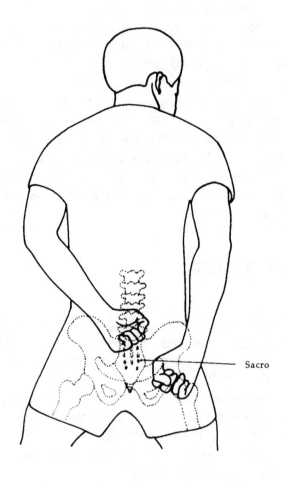

Sacro

Figura 5-8
Los golpes en el sacro ayudan a reforzar el nervio ciático

-6-

LAS RODILLAS
Y LOS PIES

I. LAS RODILLAS TAMBIEN ACUMULAN TOXINAS

Existe la tendencia a acumular toxinas en los miembros inferiores como consecuencia de la bajada de la sangre, debida a la gravedad. El lugar más habitual es la parte posterior de las rodillas. Unos ligeros golpes en esa zona serán suficientes para disolver los residuos. Posteriormente, el cuerpo las expulsará de sí mediante la orina, las heces y el sudor.

A. Cargar las Manos con Energía Chi
Siga el procedimiento habitual, pero sin contracciones.

B. Detrás de las Rodillas
Estire la pierna y apóyela sobre una silla o sobre una mesa baja, de forma que no pueda doblar la rodilla. Luego golpée con cierta fuerza en la parte posterior de ésta. Hágalo entre 9 y 18 veces. (Figura 6-1) Aunque duela, es extremadamente eficaz para la eliminación de las toxinas que allí se acumulan. La aparición de un punto morado en la zona es indicativo del éxito del ejercicio. La fuerza con la que ha de golpearse queda a su consideración, pero tampoco puede ser exagerada. Repita el ejercicio en la otra rodilla.

Figura 6-1
Dando golpecitos rápidos tras la rodilla se eliminan las toxinas

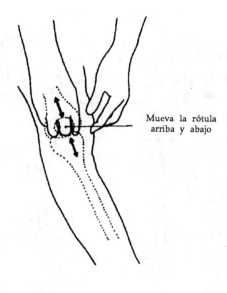

Mueva la rótula
arriba y abajo

Figura 6-2

C. Masaje de las Rótulas
Dé masaje a las rótulas .hasta que estén calientes. El riego sanguíneo de esta zona es limitado y por ello es muy delicada. Este ejercicio sirve para fortalecerla. Dé masaje a la otra rótula.

D. Movimiento de las Rótulas
Relaje las rótulas y muévalas hacia arriba, hacia abajo, a los lados y dando vueltas en sentido horario y antihorario. (Figura 6-2)

E. Masaje a las Rodillas
Las caídas suelen ser consecuencia de la debilidad de las rodillas. El masaje aumentará su estabilidad y flexibilidad.

109

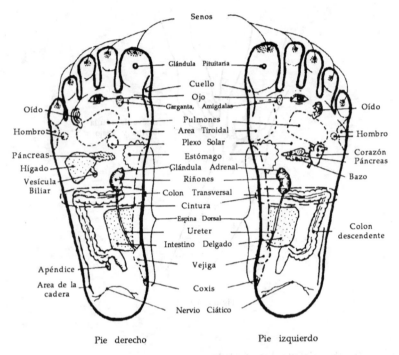

Figura 6-3
Los pies reflejan todos los órganos y glándulas del cuerpo

II. LOS PIES, RAICES DEL CUERPO

La estabilidad depende de la fortaleza de los pies y de sus tendones, pues conectan a la persona con la energía sanadora de la tierra. Los pies son el reflejo de todos los órganos, glándulas y miembros del cuerpo. (Figura 6-3) Son un tipo de control remoto. Al darles masaje se estimulan los órganos y las glándulas y se estimula la circulación.

A. Cargar las manos con Energía Chi
Cargue de energía las manos, sin contracciones.

110

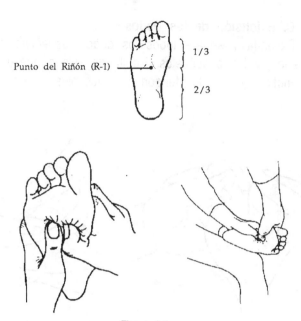

Punto del Riñón (R-1)

1/3

2/3

Figura 6-4
Masaje al punto del Riñón (R-1)

B. Masaje de los Pies

Quítese los zapatos y los calcetines y dé masaje a las plantas y los empeines de los pies con los pulgares y los demás dedos. Asegúrese que masajea al punto del riñón, el punto doloroso que se haya entre el hueso del que parte la falange del dedo primero y el músculo adyacente. (Figura 6-4) Si tiene prisa dé masaje a todo el pie frotando la planta de cada uno sobre el empeine del otro vigorosamente, pero con cuidado, desde el talón, pasando por el puente, hasta los dedos. En la planta de los pies se encuentran meridianos de energía de todo el cuerpo. Dé masaje al pie y cuando encuentre un punto doloroso trabaje en él hasta que desaparezca la molestia. Esto le ayudará a disolver cualquier bloqueo del flujo del Chi.

C. Extensión de los Dedos

Extienda y separe todos los dedos, especialmente los pequeños, y luego suéltelos. Repita de seis a nueve veces. Es beneficioso para los tendones de los pies ante todo.

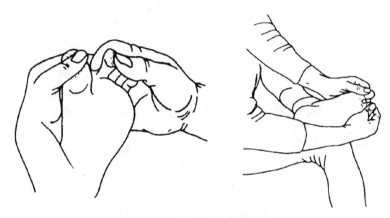

Figura 6-5
Separe todos los dedos extendiéndolos

D. Los Dedos 1 y 2

Frote con rapidez los dedos 1 y 2 contra sí mismos. Es un ejercicio magnífico para ejecutar en tiempos perdidos.

E. Frotamiento de los pies entre sí.

Mantenga los pies calientes frotándolos entre sí. De esta forma estimulará los órganos del cuerpo.

-7-

ESTREÑIMIENTO

I. LA CAUSA FUNDAMENTAL DEL STRESS

El estreñimiento es la causa fundamental del stress. La clave de la salud es la higiene del colon. La mayoría de las vertientes de la medicina coinciden en que hasta el 90% de las enfermedades son provocadas por el estreñimiento y la mala salud del colon.

El mundo moderno en el que vivimos —la jungla de hormigón que nos ofrece más alimentos prefabricados que fibras, más carnes que verduras y frutas frescas— provoca la deficiencia del Chi. La presión del Chi, que mueve los fluidos y todos los sistemas del cuerpo, se ve reducida. Por lo tanto, el estómago no disfruta de la cantidad suficiente de Chi para digerir los alimentos y los intestinos grueso y delgado carecen de la fuerza necesaria para expulsar de sí el material de desecho. Al quedarse en el colon, las toxinas son reabsorbidas de los desechos. En primer lugar, afectan al hígado que, al verse repleto de ellas, produce emociones negativas, como son la ira, los malos modales y la ansiedad. La sangre es el siguiente elemento que se ve afectado. Inundada de desechos y toxinas, llega a trastornar el funcionamiento de los demás órganos, reduciendo su capacidad de acción y provocando stress y nerviosismo.

II. EL ESTREÑIMIENTO PRODUCE INTROVERSION Y FALTA DE ESPIRITU

Por norma general, las personas que son introvertidas, pusilánimes e incapaces de exteriorizar, retienen todo tipo de desperdicios inútiles. Estas personas guardan los problemas para sí y llegan a la pobreza de espíritu. La causa se puede encontrar en un estreñimiento prolongado.

Para aliviar la dolencia en estos casos, es necesario solucionar los problemas día a día y expresarse de una manera agradable, de forma que el Chi que se halla estancado en los órganos pueda fluir. Hoy en día muchas personas aprenden a expresarse, pero el metodo que siguen no es el deseable. Da lugar a más problemas... y más estreñimiento. Para solventar los problemas en paz es necesario tener una mente pacífica que nos permita hablar de modo amable.

III. EL ESTREÑIMIENTO ACELERA EL ENVEJECIMIENTO

Las toxinas que no se expulsan se acumulan en el cuerpo: en la piel, haciendo que pierda su tersura y suavidad; en la zona del cuello y los hombros, provocando jaquecas y dolor de hombros y otros miembros. Llegan a causar el desgaste de todo el sistema.

La sensación encantadora de un colon limpio hará que el Chi fluya y aportará su granito de arena en la búsqueda de una jornada placentera, abierta y feliz.

IV. EL MASAJE ABDOMINAL —LA MARAVILLA DE LA CURACION

El masaje abdominal es uno de los mejores métodos que hay para superar el problema del estreñimiento. Al principio observará que el color de los excrementos es negruzco. Ello le indicará que el largo atasco intestinal producido por la materia adherida a las paredes del intestino ha tocado su fin.

Cuando sienta la necesidad de ir al aseo, no lo piense y acuda. Hay personas que aguantan las ganas hasta que, pasado un rato, desaparece la necesidad. Como resultado se ven obligados a retener hasta la próxima ocasión o el día siguiente. La defecación diaria ha de convertirse en un hábito; la mañana es el momento propicio.

El masaje abdominal puede efectuarlo en el momento previo a acostarse y en cuanto se vaya a levantar. Lo normal es acudir al cuarto de baño al poco de aplicar el masaje matutino.

A. Dormir boca arriba

Duerma boca arriba, con las piernas estiradas y separadas entre sí la distancia de los hombros.

B. Frótese las manos hasta que estén calientes

Frótese las manos hasta que las sienta cálidas y luego haga fricción sobre el intestino grueso y el recto, empezando por el extremo inferior del lado izquierdo y hacia arriba, para cruzar después al lado derecho y bajar a la parte inferior derecha. (Figura 7-1) Dé masaje en sentido horario, entre nueve y dieciocho veces. Si encuentra una zona dolorosa o un nudo, dedíquele un tiempo y dele masaje hasta que se suavice. Ayúdese de la mente para guiar el flujo del Chi, siguiendo el movimiento del intestino grueso.

C. El intestino delgado

Para dar masaje al intestino delgado divida el abdomen en tres partes. (Figura 7-2) Dé masaje desde la línea de la izquierda a la de la derecha. Utilice los dedos corazón e

Figuras 7-1
De masaje desde el límite inferior izquierdo hacia arriba
y la derecha y hacia abajo al lado inferior derecho

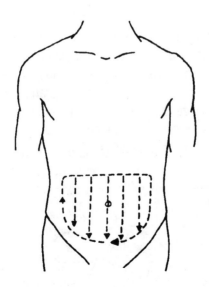

Figura 7-2
Divida el abdomen en tres partes

117

índice y de el masaje describiendo un movimiento circular, subiendo, bajando y volviendo a subir, para pasar a la siguiente línea. Repita entre tres y nueve veces. Si encuentra un punto doloroso o un nudo, dé masaje en sentido horario y antihorario, hasta que el dolor o el nudo hayan desaparecido. Sea cauto si ha sufrido alguna operación intestinal; limítese a lo que pueda soportar.

Si localiza un bulto digno de consideración, ponga la palma de la mano sobre él y duerma con ella en esa posición; de esta manera suavizará el nudo, aliviará el dolor y le ayudará a expulsar los excrementos al dia siguiente con menos esfuerzo.

V. MASAJE DURANTE LA DEFECACION

En el momento que se produce entre el final de la primera defecación y la siguiente Ud. puede aplicar un masaje de abdomen que le ayudará a eliminar cualquier "guisado" que aún se encuentre en la parte superior del colon. Este consiste en una fricción de sentido horario sobre la válvula ileocecal, en la zona derecha, cerca del hueso de la cadera. Dé el masaje desde el extremo inferior del límite derecho hacia arriba, a la caja torácica. (Figura 7-3)

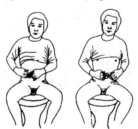

Figura 7-3
De masaje al abdomen durante la expulsión de heces

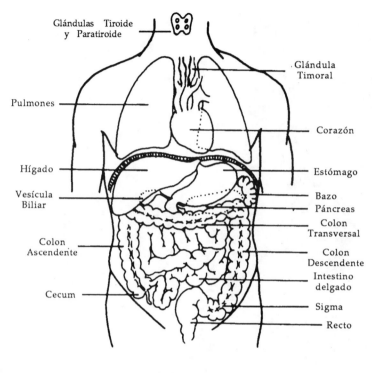

Glándulas Tiroide y Paratiroide

Glándula Timoral

Pulmones

Corazón

Hígado

Estómago

Vesícula Biliar

Bazo
Páncreas

Colon Transversal

Colon Ascendente

Colon Descendente

Intestino delgado

Cecum

Sigma

Recto

Figura 7-4
Masaje al Sigma

Dé masaje al sigma, que se halla en la parte derecha de la pelvis. Seguro que expulsará un poco más de "cocido". (Figura 7-4)

Los taoistas opinamos que, con la intención de llevar a cabo una buena limpieza, es mejor orinar y después defecar. Por último, concluya orinando nuevamente y se sentirá verdaderamente limpio.

-8-

PRACTICA
DIARIA

Más vale prevenir que curar. La meta del principio taoísta es pasar por la vida sin conocer la enfermedad. Hoy en día entendemos que los hospitales, los centros psiquiátricos y las consultas médicas son cosas habituales. El cuidado de la salud nos supone el mayor de los gastos. Lo extraño, la buena noticia, es encontrar un anciano que disfruta de buena salud y puede andar y hacer lo que se le antoja sin tener que tomar pastillas ni observar prescripciones médicas. Cualquiera de nosotros puede ser ese anciano el día de mañana, si sabemos cuidarnos.

El resultado del Tao se ha demostrado durante miles de años. Los maestros taoístas utilizaron estos ejercicios para mantener un nivel de energía elevado. Si convertimos las emociones negativas en positivas, obtenemos el poder de curarnos a nosotros mismos. Si su deseo es superar los estados negativos ha de decidirse a reservar cierto tiempo y a hacer de esta práctica algo propio de su vida. Invierta en su salud. Que estos ejercicios sean una rutina diaria, como el cepillado de los dientes y la alimentación, que son necesidades vitales. No se preocupe por los resultados, limítese a practicar lo que crea conveniente para Vd. Un día descubrirá el milagro. El día extraño que contraiga un resfriado, ya no se acordará del nombre de su médico. El cajón de las medicinas estará vacío. Su estado de salud será el mejor. Será capaz de desarrollar más trabajo a la vez que es menos emocional.

I. CALENTAMIENTO MATUTINO

La tradición taoísta nos dice que hay que abrir el corazón antes que los ojos. (Figura 8-1). Al despertarse, no salte de la cama ni abra los ojos. Los que seguimos el sistema

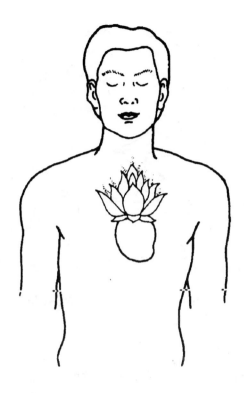

Figura 8-1
Antes de abrir los ojos, abra el corazón

taoista creemos que cada órgano tiene un alma y un espíritu y que tardan un poco en despertarse. Si Vd. es demasiado impaciente, ellos pueden sufrir las consecuencias. Como solemos decir, las personas precipitadas deterioran la energía de los órganos. En cambio, si lleva a cabo un buen calentamiento matutino, el transcurrir del día será más agradable.

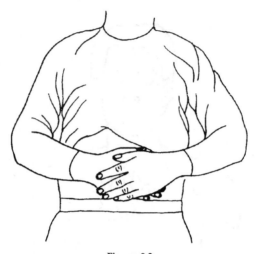

Figura 8-2
Ponga la palma de la mano en el area del ombligo

II. COMPRUEBE SU NIVEL DE ENERGIA TODOS LOS DIAS

No abra los ojos. Si Vd. es hombre, ponga la palma de la mano derecha sobre el ombligo y apoye la otra encima. Si es mujer, ponga la palma de la mano izquierda debajo y la de la derecha encima. Concéntrese en el ombligo, hasta que sienta que adquiere temperatura.

III. COMIENCE CON LA SONRISA INTERIOR (Figura 8-3)

Si puede, entre en contacto con la Sonrisa Interior; sienta su flujo y guíela desde la cara hacia el cuello y de allí al corazón, los pulmones, el hígado, los riñones, el páncreas, el bazo y los órganos sexuales.

124

Sonría a la Segunda Línea, al aparato digestivo, y a la Tercera Línea, el sistema nervioso y la médula espinal. Sonría y note cuando llega la energía. Siga sonriendo hasta que el dolor y la tensión hayan desaparecido.

Si algún día le resulta dificil encontrar el flujo de la energía de la sonrisa, será síntoma de que los niveles de energía —física, emocional e intelectual— se encuentran en un nivel bajo. Ese día tenga cuidado pues sus biorritmos y cartas astrológicas se hallarán en el ciclo inferior. Sufrirá una propensión a involucrarse en problemas o sufrir accidentes. Pero si es capaz de ejecutar la Sonrisa Interior y la Orbita Microcósmica adecuadamente, prácticamente podrá olvidarse de los biorritmos y de las cartas astrales. Dedique un poco más de tiempo, hasta que sienta que la energía de la sonrisa aumenta y fluye a los órganos con más rapidez. Indicará que su nivel de energía está creciendo y, de ese modo, podrá controlar las emociones. La mala suerte y los accidentes pueden superarse o evitarse.

Figura 8-3
Empiece el día con la Sonrisa Interior

IV. ELIMINE LA ENERGIA BLOQUEADA DIARIAMENTE

Si sonríe a los órganos y encuentra obstrucciones o bloqueos en algunos de ellos, dedíqueles más tiempo. Concentre su atención sonriendo a la zona donde se encuentra el bloqueo, hasta que empieze a limpiarse. La enfermedad siempre se origina con un bloqueo del flujo a un órgano o glándula y a un canal importante. Si la energía que tiene que moverse encuentra una obstrucción, el órgano pierde esa energía, riego sanguineo y nutrientes. Pasado un tiempo determinado, el funcionamiento de ese miembro será insuficiente o nulo. Ninguna máquina puede examinar el cuerpo humano con la precisión de su propio flujo de energía Chi. Cuando el médico diagnostica la enfermedad, el órgano puede estar funcionando ya tan sólo al 10% de su eficiencia. En cambio, con el control diario de la Orbita Microcósmica puede corregirse, mantenerse y fortalecerse a sí mismo sin desperdiciar mucho tiempo.

V. ELIMINE LAS TOXINAS DEL DIA ANTERIOR

La clave fundamental para mantener la salud es eliminar la tensión, la preocupación y las toxinas de cada día, de forma que no se acumulen en el cuerpo. (Figura 8-4) Para muchas personas es un suplicio tener que levantarse por la mañana. Se encuentran mal, tienen pereza y mal humor y les duele todo el cuerpo.

Ese es el resultado de la acumulación de demasiadas toxinas. El masaje abdominal es el mejor método para eliminarlas. Este ejercicio ayuda a liberar las obstrucciones y a expulsar los sedimentos diarios. Habrá personas que sientan ganas de vomitar al principio, cuando se toquen un punto doloroso. La explicación está en que se están empezando a expulsar las toxinas y el organismos esta recuperando su lugar.

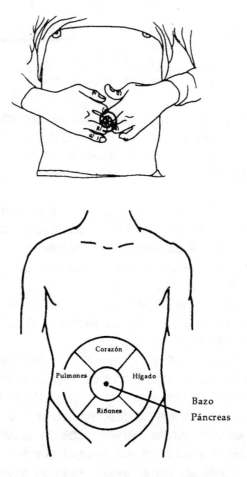

Figura 8-4
La clave fundamental para la buena salud es eliminar la tensión,
la preocupación y las toxinas todos los días

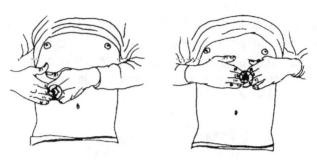

Figura 8-5
Masaje a la zona del ombligo; sienta los nudos o los bultos;
dé masaje para expulsar las toxinas.

Las personas que hayan sufrido operaciones en el aparato digestivo habrán de tener mucho cuidado cuando realicen el masaje abdominal. Si sienten dolor en la zona que haya sido intervenida tendrán que frotarse con la palma de la mano.

Si encuentra un nudo o un bulto que se mueve por la zona del ombligo (Figura 4-5), puede tratarse de un excremento que se ha endurecido y se encuentra en la pared del colon. Cuando dé masaje y mueva las toxinas éstas se desplazarán a su posición en el recto. Las personas con pocas energías que no ejercitan el abdomen no disponen de fuerza suficiente para subir los excrementos por el colon ni para empujarlos por el recto.

El estreñimiento es el agente más importante del bloqueo del flujo de energía y provoca, asímismo, dolor de espalda, jaquecas, dolencias del estómago y cancer de colon.

Las personas que no dispongan de tiempo para ejecutar estos ejercicios por la mañana deberían hacer cuanto les fuese posible y aplicarse los masajes que les queden pendientes cuando acudan al lavabo. Antes de acostarse trabaje también un poco con el abdomen.

VI. AUMENTE EL RIEGO DE LOS MIEMBROS INFERIORES

Mientras dormimos la circulación desciende y se acumula en las piernas, que son los miembros más alejados del corazón, y las toxinas se asientan en esa zona y en los pies. El masaje nos puede ayudar a eliminar la tensión, la preocupación y las toxinas acumuladas del día anterior.

Como ya sabemos, los pies son los controles remotos de los órganos y las glándulas. Dándoles masaje podemos estimular los miembros del cuerpo. A su vez, los dedos son el principio y el final de los dos meridianos. En la punta de los dedos se haya el meridiano del hígado, que es el órgano desintoxicador por excelencia. Si se activa puede ayudarnos a eliminar los residuos que se acumulan en los miembros y en la parte posterior de las rodillas.

El extremo inferior es el meridiano del bazo, que ayuda al sistema inmunológico y a la digestión.

Ejercicio: Tumbado en la cama, mueva los dedos primero y segundo hacia atrás y hacia adelante de manera que se rocen entre sí veinte o treinta veces y note como aumenta el Chi y la circulación. (Figura 8-6) Hágalo en ambos pies. Este ejercicio previene el endurecimiento de las venas y las arterias.

Figura 8-6
Mueva los dedos primero y segundo frotándolos entre sí.

129

VII. ACTIVE LA CIRCULACION DE LAS VENAS

Las venas son el camino de vuelta de la sangre al corazón y las más propicias a la formación de trombos son las de los pies. El motivo puede ser el uso de tacones altos o de zapatos apretados o malos, pues suelen provocar un endurecimiento en las venas que ralentiza todo el riego de los pies.

Ejercicio:

1. Hombres. Comience con el pie derecho, luego con el izquierdo. Doble el tobillo hacia dentro, hacia el estómago y haga fuerza con los talones. Mantenga la posición un momento y relájela.

2. Mujeres. Haga lo mismo, pero comience con el pie izquierdo.

Si al hacerlo siente calambres, tire de los dedos de los pies con las manos y dóblelos hacia arriba o tire hacia abajo hasta que el pie se recupere del calambre

Figura 8-7
Active la circulación en las venas

VIII. EXTENSION DE LOS TENDONES

Mientras dormimos los tendones se encuentran en estado de reposo, distendidos. Al levantarnos el cuerpo se encuentra rígido y le cuesta moverse o doblarse. Hay miles de extensiones posibles; podemos dedicar muchísimo tiempo a esta tarea. Haciéndolo un poco bien podrá tensar todos los tendones, ganar tiempo y ahorrarse la preocupación de buscar un rato para hacerlo.

Los pies, con sus dedos, y las manos, también con los suyos, son las terminaciones de las extremidades en las que se unen todos los tendones y los ligamentos. Cuando se está rígido, los síntomas comienzan en las extremidades. Otra zona es la espina dorsal, que puede ser tensada con sus uniones de muchos tendones y ligamentos.

El extremo de todos los tendones es la lengua, y por ello la conexión principal.

Ejercicio:

1. Túmbese boca arriba, doble la espalda como si fuese un arco y estire las manos y los dedos para tirar de los pies y sus dedos. Estire y separe los dedos de las manos y los pies todo lo que pueda y empiece a respirar con el estómago: exhale y contraiga el estómago hasta que esté aplastado y toque la espina dorsal; inhale hasta que se hinche de nuevo. (Figura 8-8) Vaya aumentando el ritmo poco a poco durante diez o quince repeticiones. Al final exhale profundamente y saque la lengua estirándola al máximo hacia la barbilla. (Figura 8-9) Dirija la vista a la punta de la nariz. Repita tres o cuatro veces. El periodo de descanso es muy importante. Relaje totalmente los músculos y disfrute del flujo de la energía Chi por todo el cuerpo.

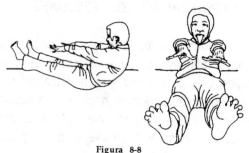

Figura 8-8
Estire todo el cuerpo

2. Doble el tronco; con los dedos pulgar e índice sujete los dedos grandes de ambos pies. Aportarán energía a los meridianos del hígado y el bazo. Sujete los dedos y sienta como pasa la energía de los pulgares al meridiano de los pulmones y del dedo índice al intestino grueso, que está relacionado con los meridianos del hígado y el bazo. (Figuras 8-10 y 8-11) Respire con el estómago; al principio lento, pero incrementando el ritmo hasta que note tensos los tendones de la médula espinal. Después relájese. Cuando termine puede

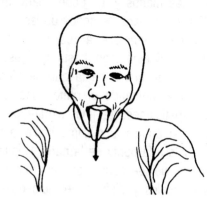

Figura 8-9
Estire la lengua

mover y golpear los pies para destensarlos. Si no alcanza a tocarlos puede hacer el ejercicio con la parte posterior de las rodillas o con los tobillos. En este caso activará los meridianos de la vesícula, los pulmones y el intestino grueso.

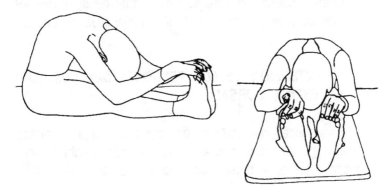

Figura 8-10
Dóblese y agarre los dedos de los pies

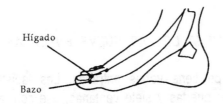

Hígado

Bazo

Figura 8-11
Ejercicio de extensión de los tendones

133

Cuando consiga más flexibilidad podrá hacerlo con los tobillos, por los que pasan los meridianos de la vesícula, el estómago, el hígado y el bazo. Sujétese los tobillos y sienta el calor que les transmiten las manos.

Cuando pueda estirarse aún más, trate de agarrarse los dedos de los pies y el punto R-1, el meridiano de los riñones.

IX. EXTENSION DE LOS TENDONES DEL CUELLO Y LA ESPINA DORSAL

Para tensar los tendones de esta zona haga lo mismo, pero en lugar de intentar tocar las rodillas con la cabeza, mire al techo y sienta la tensión de toda la espalda (Figura 8-13)

Incorpórese lentamente. Cuando esté a punto de levantarse ruede con cuidado a la izquierda y siéntese; en esta posición levántese poco a poco y camine.

X. LIMPIEZA DE LAS NUEVE ENTRADAS

El cuerpo tiene varias entradas. Los taoistas decimos que tiene dos puertas y siete ventanas, que son las aberturas que nos permiten entrar en contacto con el mundo exterior. Esas entradas pueden bien dejar entrar contaminación al interior o bien mantenerla en el exterior.

A. La Puerta Delantera — La Entrada Sexual

Los órganos sexuales son considerados la puerta delantera, la de la energía de la fuerza creativa de la vida. Si sabemos controlarla y sellarla, la energía de la vida durará más.

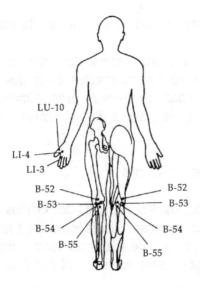

Figura 8-12
Diagrama de los meridianos de la pierna

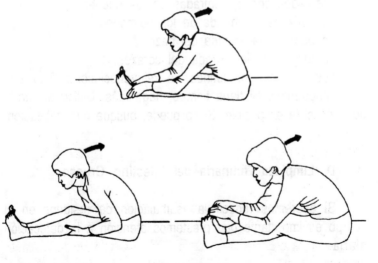

Figura 8-13
Estire los tendones del cuello, y la espalda

B. La Puerta Trasera — La Entrada de los Nutrientes

El ano es la puerta trasera, que controla la nutrición. Muchas personas no son conscientes de lo que comen y el cuerpo no es capaz de asimilar esos alimentos. Al final acaban depositando la mayoría de los nutrientes en el inodoro.

C. Las Siete Ventanas

Los dos ojos, los dos oídos, los dos orificios nasales y la boca son las siete ventanas. Su misión es la de recibir y transmitir información. Si una de ellas está sucia y débil no podrá recibir la información adecuadamente ni podrá sellar la salida de la fuerza de vida.

Cada una se considera la entrada de un órgano:
Los ojos son las entradas del hígado
Los oídos son las entradas de los riñones
La nariz es la entrada de los pulmones
La boca es la entrada del bazo
La lengua es la entrada del corazón.

Los ejercicios matutinos de rejuvenecimiento Tao son muy importantes. Si tiene tiempo, haga más. Utilice el cuarto de baño si le es posible. Si no puede, busque otra habitación.

D. Limpieza Rutinaria del Intestino Grueso

Si queremos reducir la acumulación de residuos en el cuerpo es importante que prestemos atención a la defecación diaria.

Cuando haya terminado, lávese con agua. Si es inconveniente utilice papel higiénico humedecido y limpiese el ano. Dé masaje al coxis y a los alrededores del ano. Esta región está plagada de arterias y venas que se taponan con facilidad y provocan hemorroides. Dé masaje a la zona entre 50 y 100 veces. Es una buena prevención de las hemorroides y además ayuda a desintoxicar los residuos de la región inferior.

Tan importante como comer es saber expulsar los excrementos.

XI. LIMPIEZA DE LOS ORGANOS DE LA CARA

A. Los ojos

Si tiene tiempo, haga los Ejercicios Tao de Rejuvenecimiento. De todos ellos, los de los ojos son mis favoritos.

La mejor prevención es el mantenimiento diario. En muchas ocasiones no prestamos atención a lo que nos rodea, como el agua y el aire o nuestras caras y los ojos.

La gente suele lavarse la cara, pero rara vez hace lo mismo con los ojos. Al estar expuestos todo el día al exterior por culpa del trabajo, ellos se adhieren partículas mínimas de polvo o de cualquier tipo de fibra, pudiendo atascar los conductos lacrimales.

Lave los ojos con agua limpia, fría o caliente. Utilice una palangana en la que pueda introducir la cara. Abralos y muévalos. Expulse todas las partículas de suciedad. (Figura 8-14). Así también se mantendrá más despierto.

B. La nariz

La nariz es el canal de entrada de la fuerza de vida del aire. La clave de la vitalidad es una nariz fuerte y sana.

En cuanto se halla lavado los ojos, vuelva a llenar la palangana de agua. Asegúrese de que está limpia; si puede ser utilice agua templada.

Sumerja la nariz y la cara en el agua. Inhale una poca por las fosas nasales y expúlsela con fuerza. Al principio provocará tos, pero con la práctica ingerirá el agua por la nariz y la expulsará por la boca.

Si le resulta complicado trabajar con los dos orificios al mismo tiempo tape el derecho mientras limpia el izquierdo, y al contrario.

Es una sensación dolorosa y desagradable al principio, pues la nariz es como una chimenea —si no deja salir el humo, se almacena allí.

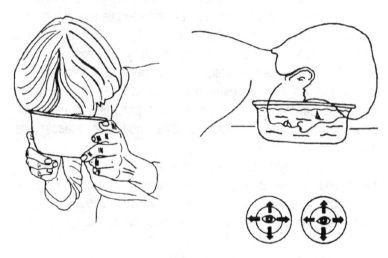

Figura 8-14
Limpie los ojos, la nariz y la cara

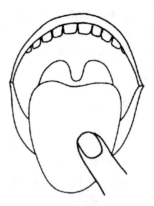

Figura 8-15
De masaje a los dientes y
las ancias con sal común

Figura 8-16
De masaje a la lengua
ayudándose con un dedo limpio

C. Los dientes

Es muy útil el masaje de los dientes y las encías con sal común. (Figura 8-15) Toque la sal con un dedo y frote los dientes y las encías. Asegúrese de que tiene los dedos limpios y que las uñas no son muy largas. Dé masaje y frote las encías por dentro y por fuera. Las encías débiles provocan numerosas caries en los dientes. Si tiene tiempo haga los ejercicios para dientes y encías.

El masaje de la lengua es también muy importante. (Figura 8-16) Consulte la sección de ejercicios para la lengua del Capítulo 4.

D. Los Oídos

La limpieza y el ejercicio de los oidos le mantendrá mas alerta y prevendrá la pérdida de agudeza acústica.

139

Utilice una toalla húmeda limpia y frote y dé masaje a ambas orejas y al interior. Vea la sección de ejercicios del oído del Capítulo 4.

E. Cuello

Utilice una toalla humeda limpia para frotar el cuello hasta que sienta el calor y el flujo del Chi. El cuello nos revela la edad de las personas; si está arrugado, puede hacerle parecer mayor.

F. Masaje a la cabeza y peinado del cabello

Tómese tiempo para dar masaje a la cabeza y peine el cuero cabelludo con cuidado. Este puede ser un momento grato.

XII. MASAJE A LOS PIES

Con una toalla frote y masajee los pies. Frote hasta que sienta que están calientes y que el Chi fluye.

XIII. MIRESE EN EL ESPEJO

Ya sabemos que para peinarse se necesita un espejo. Las mujeres los utilizan más a menudo, para maquillarse.

Los taoistas los utilizamos para ver el carácter, la personalidad y el futuro. Podemos ver lo que va a suceder hoy y que tal vamos a funcionar. Prever el futuro no es fácil; hace falta tiempo para aprender. Podemos adivinar lo felices que somos, física y emocionalmente, qué falla en los órganos y qué falla en los sentidos. La cara y los órganos sensores nos dicen qué hay dentro.

Si observa que su aspecto es el de una persona mayor de su edad, quizá se verá estimulado a hacer algo por usted mismo.

Mírese la cara en un espejo. ¿Parece arrogante, furiosa, triste, deprimida o recelosa? Trate de cambiar la expresión por otra feliz, alegre y sonriente. Observe la comisura de los labios. Si están caídas, deles masaje hacia arriba. Aplíque el masaje a la cara después de calentar las manos.

XIV. EL AGUA CLARA COMO MEDIO DE LIMPIEZA

La mejor purga y prevención del organismo se consigue bebiendo agua por la mañana, una o dos horas antes de desayunar. El agua le ayudará a limpiar la suciedad y las toxinas que se encuentran en el tracto digestivo. La mañana es el momento más propicio.

Beba agua clara. En algunos lugares deberá hervirla antes. Beba de dos a cuatro vasos. Al principio le costará asimilar gran cantidad. Después de ingerirla tendrá que moverse, ya sea caminando, corriendo o saltando. Posteriormente aplique el masaje abdominal para mover el agua de forma que enjuague y limpie bien las toxinas y los mocos, que pueden ser expulsados mediante las defecaciones y la orina.

No beba después de comer o al acostarse. Si bebe de noche, se desvelará.

XV. DISPONGA DE SU TIEMPO

A. Busque tiempo para Practicar

Cuando haya aprendido la rutina básica, no le llevará más de diez minutos. Si tiene prisa ejecute unos cuantos ejercicios, en especial el peinado del cuero cabelludo, la expulsión de lágrimas, el frotamiento de la cara y el cuello, los golpes del timo y los riñones y detrás de las rodillas y el masaje frotando los pies.

Descubrirá que durante todo el día dispone de un montón de tiempo libre para practicar los Ejercicios Tao de Rejuveneciemiento. Mientras está guardando cola, o esperando a alguien, en el coche o leyendo un periódico o una revista puede darse masaje a las manos y los dedos. Verá cómo estos ejercicios taoistas le ayudarán a mejorar su salud.

B. Sueño mientras Conduce

Si está conduciendo y siente sueño dese golpecillos en los dientes, como vimos en un ejercicio, pues es muy beneficioso para evitar la somnolencia. Si levanta los hombros para apretarlos contra el cuello, aprieta el ano para vitalizar los riñones y coge el volante con fuerza con un dedo activará la circulación y se despejará mientras conduce. Con estos ejercicios no se dormirá nunca cuando conduzca largas distancias.

C. Operadores de Ordenadores y Oficinistas

El ejercicio de los ojos, el cuello y los riñones es muy

importante para las personas que trabajan frente a un ordenador o en una mesa. Deseamos que las empresas adopten un sistema que permita diez minutos a sus empleados para practicar la Sonrisa Interior y los Ejercicios Tao de Rejuvenecimiento. De esta forma el rendimiento aumentará.

Si está sentado y pendiente de un monitor durante mucho tiempo llegará a sentir cansancio en la vista. Por ello cada una o dos horas cierre los ojos y dé masaje a los globos; muévalos hasta que se encuentre bien.

Si lleva mucho tiempo sentado, golpee la zona de los riñones y del sacro. Es un ejercicio excelente.

D. La Televisión

Hay personas que pasan mucho tiempo viendo televisión. Puede aprovechar ese tiempo para, a la vez, practicar masaje Chi. Dé masaje a las manos y los pies.

E. Las Botas

Hoy en día la gente suele utilizar botas con mucha frecuencia, lo que dificulta la traspiración de los pies. Ya que el aire fresco no les alcanza, busque tiempo para quitarse las botas y dar masaje a los pies.

F. Ejercicios Nocturnos

Por la noche, antes de caer dormido, haga tiempo para bañar los pies en agua caliente durante cinco o diez minutos y frótelos para secarlos. Caliéntelos y practique los Seis Sonidos Curativos. Haga cada uno tres veces, siguiendo la secuencia que se describe en el libro "*Sistemas Taoístas para transformar el stress en vitalidad*".

XVI. EJERCICIO COMBINADO

Desperdiciamos cada vez más tiempo en medios de transporte —coches, autobuses, aviones, metro, trenes,etc.— y en esperar a estos medios, y parece que va en aumento. Utilice ese tiempo para hacer ejercicio y para refrescarse.

a. Si va conduciendo, tenga cuidado; utilice el sentido común. No haga ningún ejercicio que distraiga la visibilidad o la atención a la carretera.

b. El cuello suele ser la zona más tensa del cuerpo y puede provocar crispación nerviosa. Si lo siente alterado, haga ejercicios mientras conduce, o en cualquier otra situación. Inhale aire, apriete los hombros presionando sobre los lados y continue tirando de las escápulas de la espalda a la vez; tense la columna y los músculos escapulares unos momentos, después exhale y deje caer los hombros.

c. Agárrese al asiento con las manos, apriete la espina dorsal contra el estómago e intente hacerse una bola, con la barbilla tocando el pecho y la pelvis y el sacro recogidos. Tense los músculos de la espalda unos momentos, sobre todo los que rodean los riñones, y relajese. Sentirá el frescor de la energía que sube por la espalda y baja por la parte frontal. Mantenga la columna suelta y relajada siempre. Deje que el Chi fluya sin obstrucciones.

d. Estar sentado sobre ambas manos, con las palmas hacia arriba, le proporcionará una revitalización general de todo el cuerpo. Sienta la energía Chi correr desde las palmas y los dedos por los gluteos, hacia la base de la espina dorsal. Sentirá el flujo del Chi y se encontrará refrescado en poco tiempo.

e. Si se agarra los dedos podrá deshacerse de las emociones negativas, como son la preocupación, el temor, la ira, etc. Diríjase a la sección de los masajes de los dedos.

f. La limpieza y los golpecitos de los dientes son una ayuda extremadamente importante para aclarar la mente. Cuando se encuentre apagado, somnoliento o no pueda pensar correctamente lávese los dientes. Vea la sección dedicada a ellos.

g. Apretando las diferentes partes del ano estimulará los órganos. Cuando se sienta cansado o fatigado, contraiga las zonas derecha e izquierda y lleve el Chi a los riñones. La función limpiadora de las toxinas que tienen éstos órganos aumentará, proporcionándole más energía de fuerza de vida.

Contraiga la zona derecha del ano para estimular el hígado. Así dispondrá de más vitalidad y le será más fácil tomar   decisiones.

Contraiga ambas partes del ano y lleve el Chi a los pulmones.

XVII. POSICION PARA DORMIR

a. Si sufre estreñimiento, haga un poco de masaje abdominal antes de acostarse.

b. Si le gusta descansar sobre la espalda, hágalo con los

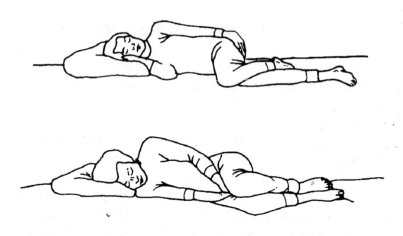

brazos y las piernas estiradas y agárrese ligeramente los pulgares con los demás dedos.

c. Si duerme tumbado sobre el costado, que sea sobre el derecho, sin encorvar la espalda, con la pierna izquierda doblada, la derecha estirada, la palma de la mano derecha bajo la cara, cubriendo la oreja y la mano izquierda en el ombligo.

d. También puede descansar de costado, con la espalda recta, ambas piernas flexionadas hacia adelante y con la manos entre ellas.

e. No lleve ropas ajustadas. Escoja una buena almohada. Hoy las hay que sujetan bien el cuello además de la cabeza, sin que éste quede colgando.

f. Si hay flores en su dormitorio éstas le ayudarán a dormir, pero que no sean muy fragantes pues si no le provocarían numerosos sueños.

XVIII. "¡OH, NO!. ¡UNA OBLIGACION MAS NO!"

La base de cualquier programa de superación personal es la práctica continuada. Por supuesto, se necesita cierta disciplina interna para ejecutar los ejercicios de este libro bajo una rutina regular, que de preferir ha de ser diaria. Pero la flexibilidad, la acomodación a las circunstancias naturales es un principio fundamental del taoismo. Por tanto, sea flexible con su programa de ejercicios; ajústelo a su horario personal. Ejecute los ejercicios que le permita su tiempo. Si sólo puede hacer los Sonidos del Pulmón y el Riñón, haga sólo ésos (pero nunca antes de acostarse —si se ejecutan individualmente provocan aumento de energía). Si sólo dispone de dos minutos para la Sonrisa Interior deje caer un rápida "cascada de energía de sonrisa" sobre todas las líneas. Lo más importante es que intente integrar los ejercicios en su vida diaria, sonriendo cuando se le ocurra y ejecutando los Sonidos Curativos cuando necesite relajarse, afrontar un síntoma particular, o antes de acostarse. Utilice los ejercicios de los ojos después de leer, escribir o cualquier otra actividad que lo demande. Líbrese de los dolores de cabeza con el ejercicio de la corona, el masaje de las sienes y los pellizcos del entrecejo.

Los ejercicios, al contrario de ser otra carga que provoque resentimiento o sentimientos de culpabilidad, son herramientas maravillosas para la relajación y el bienestar. Juegue con ellos y utilice su creatividad para incorporarlos a su estilo de vida personal. Disfrute de la sensaciones viviendo y comportándose como un persona más vital, calmada, feliz y atractiva.

INDICE

149

150

Para más información sobre los cursos impartidos en los centros, y también sobre los libros, posters, tarjetas, etc., pueden vds. ponerse en contacto con:

THE HEALING TAO CENTER
P.O. Box 1194
2 Creskill Place
Huntington, NY 11743
Teléfonos: 07 1 212-619-2406 y 07 1 516-549-9452

Existen también Centros Curativos Tao en los siguientes lugares:

Tucson, AZ	Montvale, NJ	Boston, MA
San Diego, CA	Florida	Ithaca, NY
San Francisco, CA	Hawaii	Rochester, NY
Los Angeles, CA	Washington, DC.	Toronto (Canada)
Francia	Bonn (Alemania)	Londres (Inglaterra)

En España pueden obtener información en:

Anselmo Clavé, 3 bis
08190 Sant Cugat-Barcelona
Tel. (93) 589 12 69